TEXTE ET DESSINS
PAR
VIOLLET-LE-DUC

TEXTE ET DESSINS
PAR
VIOLLET-LE-DUC

LE SIÈGE

DE

LA ROCHE-PONT

F. MÉVILLE. SC.

PETITE BIBLIOTHÈQUE BLANCHE

ÉDUCATION ET RÉCRÉATION

J. HETZEL ET C⁹ 18 RUE JACOB
PARIS

5h
30

LE SIÈGE

DE

LA ROCHE-PONT

LE SIÈGE

DE

LA ROCHE-PONT

TEXTE ET DESSINS

PAR

VIOLLET-LE-DUC

PETITE BIBLIOTHÈQUE BLANCHE

—

ÉDUCATION ET RÉCRÉATION

J. HETZEL ET Cᴵᴱ, 18, RUE JACOB

PARIS

PRÉFACE

L'émouvant et curieux récit qui suit est extrait de l'*Histoire d'une Forteresse*, de M. Viollet-le-Duc. C'est un des sept ou huit épisodes dont se compose cette œuvre magistrale de l'éminent et savant écrivain. Bien que reliés entre eux par l'identité du site où ils se passent, et dont ils montrent les vicissitudes en rapport avec les phases successives de la civilisation, ces épisodes sont, par leur action, tout à fait indépendants les uns des autres et forment chacun un tout complet. C'est ce qui a permis d'en détacher celui-ci et d'enrichir du nom de son auteur notre *Petite Bibliothèque blanche*, où figurent déjà nombre d'autres noms illustres ou distingués.

Tous les jeunes clients de la *Bibliothèque d'Éducation et de Récréation* ont lu ou entendu des récits du dernier siège de Paris; beaucoup d'entre eux ont été même du nombre des assiégés. En lisant cette relation circonstanciée d'un siège du douzième siècle, ils pourront donc apprécier les immenses changements apportés dans l'attaque et la défense des places fortes par l'invention de la poudre et les récents perfectionnements des engins destinés à la mettre en œuvre. Il y a loin, en effet, des arbalètes à tour aux canons Krupp, et des traits garnis d'étoupes enflammées aux obus explosibles de 60 ou 100 kilogrammes. Seuls les résultats sont restés à peu près les mêmes : ruine d'hommes, d'argent et de monuments, arrêt du commerce et de l'industrie, interruption des entreprises publiques et privées. A présent, cependant, le fléau de la guerre, si les crises en sont plus formidables, ne sévit qu'à des intervalles plus éloignés et laisse ainsi à une nation entière le temps de se refaire et de réparer ses pertes. Autrefois, la guerre était en permanence elle ne s'éteignait sur un point d'un même territoire que pour se ranimer sur un autre et tenait les populations dans une alerte continuelle. Il y a donc là un progrès relatif à signaler, et on peut espérer de le voir encore s'accentuer, en raison des rapports de plus en plus intimes existant entre les nations civilisées, et aussi des précautions prises par chacune d'elles à tout événement. On l'a dit il y a longtemps, le meilleur moyen de s'assurer la paix c'est de se tenir toujours prêt pour la guerre : *Si vis pacem, para bellum*. Heureux le temps, s'il vient jamais, où la guerre ne sera plus qu'un lointain souvenir.

J. HETZEL.

LE SIÈGE

DE

LA ROCHE-PONT

I

LE CHATEAU FÉODAL

En l'an 1180, la vallée d'Abonne était une contrée fertile et prospère. Plusieurs villages s'élevaient sur le cours de la rivière qui l'arrosait; une ville assez importante couvrait, comme autrefois, les rampes occidentales de la vieille cité Juliana et s'étendait sur la rive opposée. Cette ville était alors désignée sous le nom de Saint-Julien. Comment la cité fondée par l'empereur Julien l'Apostat avait-elle changé son nom de Juliana contre celui de Saint-Julien? On n'essayera pas d'expliquer le fait. Il suffira de dire que

vers le huitième siècle surgit une légende relative à un
certain Julien, compagnon de Lucien, évêque de Beau-
vais, lequel Julien, natif du Val d'Abonia, disait-on, aurait
été martyrisé avec Maximien peu avant son saint évêque.
Son corps, rapporté au lieu natal, y avait fait de nombreux miracles et se trouvait alors dans la crypte de
l'église placée sous son vocable et qui dépendait d'une
riche abbaye située à l'extrémité nord du plateau. Il y
avait donc la ville et l'abbaye de Saint-Julien, et le château de la Roche-Pont occupé par les seigneurs de la
Roche-Pont. Quant à la vallée, elle avait conservé à peu
près son nom antique; c'était le Val d'Abonne. Les seigneurs de la Roche-Pont étaient, depuis le neuvième
siècle, possesseurs du Val, de la ville, des terres y attenant et des forêts qui s'étendaient au nord sur les pla-
teaux; ils prétendaient descendre des anciens rois de
Bourgogne par les femmes, étaient riches et puissants.
Un de leurs ancêtres avait fait la guerre contre le roi
Robert en l'an 1005 et avait beaucoup contribué à
l'insuccès de l'expédition de ce prince en Bourgogne.
Lorsque cette province se soumit plus tard au roi, le seigneur de la Roche-Pont avait fait des conditions qui
avaient singulièrement amélioré son domaine. Ce seigneur
était le fondateur de l'abbaye clunisienne qui s'élevait au

nord sur le plateau; il lui avait donné les terres incultes du val du ruisseau. Les moines firent bientôt de ce val un excellent domaine, en tirant parti de ce petit cours d'eau qui ne tarissait jamais. Des barrages leur permirent d'avoir des étangs très productifs, des chutes d'eau faisant marcher des moulins, des forges, d'arroser de belles prairies pour les troupeaux, et, sur le versant exposé au midi, des vignes renommées pour leur qualité.

Depuis lors, les abbés de Saint-Julien n'avaient pas toujours été en parfaite intelligence avec les seigneurs de la Roche-Pont. D'après leur charte de fondation, ils prétendaient être complètement indépendants de la seigneurie de la Roche-Pont, ne relever que de Rome et avoir sur les terres qu'ils possédaient tous droits féodaux; ils se refusaient à rendre les devoirs de fief au château, et, à plusieurs reprises, des contestations on en vint aux actes de violence. Alors les abbés recouraient au duc de Bourgogne; les gens de guerre se mêlaient de la partie, et, naturellement, les vassaux payaient pour tous.

Un des abbés, homme remuant et ambitieux, avait prétendu fortifier l'abbaye, ce à quoi le seigneur de la Roche-Pont s'était opposé; l'abbé n'avait tenu compte de l'opposition. Le seigneur avait alors dévasté le domaine de l'abbaye. Appel des religieux au duc de Bourgogne,

qui donna raison au seigneur de la Roche-Pont. Nouvel
appel des religieux au roi de France, qui était intervenu.
Après maintes discussions, dommages de part et d'autre,
il avait été entendu que l'abbaye pourrait être entourée
d'une enceinte sans tours, et, qu'en cas de guerre dans
laquelle les intérêts du suzerain seraient engagés, le seigneur de la Roche-Pont aurait à fournir la garnison de
l'abbaye aux dépens de celle-ci.

Les gens de l'abbaye et les gens du seigneur n'en restaient pas moins dans un état permanent d'antagonisme,
et il ne se passait pas une année qu'il n'y eût des différends à vider à ce propos près la cour du duc.

Le château des seigneurs de la Roche-Pont était établi
sur les restes du *castellum* de la cité Juliana, et, vers
l'année 1182, il était fort vieux et délabré. Anseric de la
Roche-Pont en était alors possesseur.

C'était un homme jeune, ardent, ambitieux, qui avait
épousé une nièce du comte de Nevers, mort en 1176, et
dont les biens s'étaient accrus par cette alliance. Il souf-
frait impatiemment la suzeraineté du duc de Bourgogne,
qui ne traitait pas toujours ses vassaux avec sagesse, et il
cherchait le moyen de s'en affranchir ; il résolut d'abord
de rebâtir son vieux château et de le mettre en état de
défier toute attaque. Anseric de la Roche-Pont était entre-

tenu dans ces idées d'indépendance par un sien oncle, vieux seigneur qui avait passé quinze années en Syrie à guerroyer, et qui, usé par les combats, ruiné, était rentré en Bourgogne. Anseric lui avait donné asile dans son domaine, et le vieux baron n'avait pas tardé à exercer une influence sur l'esprit de son neveu, et même de sa nièce. Pendant les longues soirées d'hiver, le récit des aventures d'outre-mer, que le baron Guy savait rendre vivantes, enflammait le cœur du jeune seigneur. Souvent alors, l'œil brillant, les poings fermés, il se levait, marchait à grands pas dans la salle, honteux de son inactivité et dévoré du désir de faire mieux que tuer des sangliers et discuter avec des moines, à propos des droits de mouture ou de pêche. C'était dans ces moments que le vieux baron, loin de calmer l'ardeur de son neveu, cherchait à la diriger vers un but plus certain que n'était la conquête des villes de Syrie. Le baron Guy composait un singulier personnage; c'était un grand vieillard osseux, un peu voûté par le poids des armes. Sa tête, garnie encore d'une rude chevelure grise, carrée du haut, montrait deux pommettes saillantes et, sous des sourcils épais, des yeux vert sombre, profondément enfoncés dans leurs orbites. Sa bouche large, aux lèvres fines, laissait paraître, s'il riait, ce qui lui arrivait rarement, des rangées de dents blanches et aiguës. Quand il contait de longues histoires, assis, les mains sur les genoux, la tête baissée, la lumière des cierges de cire n'éclairait que cette chevelure touffue et les saillies des pommettes et du nez. Parfois, à certains passages émouvants du récit, cette tête se relevait lentement et, dans l'ombre alors, ses deux prunelles reflétaient des lueurs qui faisaient songer aux éclairs lointains.

Au moral..... il serait plus difficile de peindre le baron Guy..... Il abhorrait les moines, ce qui ne prouve rien, et adorait les enfants, ce qui prouve une nature heureusement douée..... Mais le baron avait tant vu de choses et d'hommes, qu'il pouvait bien y avoir dans cette âme un fond de scepticisme, si toutefois on peut appliquer ce mot au désenchantement d'un noble de la fin du douzième siècle. Le baron avait donc pris sur l'esprit de son neveu un ascendant marqué ; mais les deux enfants d'Anseric obtenaient de leur grand-oncle tout ce qu'ils voulaient. Envers sa nièce, il montrait une condescendance non moins grande ; elle seule parvenait à appeler sur ce dur visage un rayon de gaieté.

Très haute et noble dame Jeanne-Élienor de la Roche-Pont était une femme de taille moyenne. Sa figure un peu longue reflétait, quand elle était animée, une vive

intelligence; ses prunelles bleu pâle prenaient alors la
nuance du lapis, et son teint, habituellement terne, se
couvrait d'un éclat purpurin. Elle avait un sourire char-
mant quoique sa bouche fût un peu tombante; son col
long, sa taille admirablement dessinée donnaient à tous
ses mouvements une grâce parfaite, relevée encore par
une vivacité adroite qui faisait la joie du vieux baron.

Aussi celui-ci passait-il des heures, les yeux fixés sur
sa nièce, comme s'il eût voulu étudier les moindres
gestes de la dame de la Roche-Pont et se rendre compte
du merveilleux mécanisme qui faisait mouvoir cette gracieuse personne. Ame virile à l'occasion, Élienor était
capable de tous les dévouements, de tous les sacrifices
pour les siens. Ses vassaux l'aimaient et l'appelaient la
Gentil-Dame.

Il a paru nécessaire de peindre en quelques mots ces
personnages qui vont, dans la suite de ce récit, jouer un
rôle principal. C'est qu'en effet, pendant l'époque féodale,
l'homme gouvernait les événements mieux qu'en tout
autre temps. Le caractère personnel d'un noble exerçait
une influence prépondérante autour de lui, en bien ou
en mal.

Le baron Guy, fatigué, ruiné, sans enfants, était au
fond une de ces âmes délicates, froissées au contact des

hommes et des événements, ayant perdu tout ressort
lorsqu'il s'agit de leurs intérêts, mais qui font tendre
leur énergie et leur besoin de s'attacher à quelque chose,
vers un but en apparence éloigné ou fragile. Le baron
Guy avait certes de l'affection pour son neveu ; cependant,
s'il n'eût été question que de lui, il se fût contenté de
le laisser chasser tranquillement sur ses domaines, et
de l'aider au besoin ; mais il avait pour sa nièce et ses
deux enfants — deux beaux garçons de cinq et huit ans —
une adoration qui faisait la principale préoccupation de sa
vie. Il lui paraissait que, pour des êtres si chers à ses
yeux, le château de la Roche-Pont et son domaine
étaient un bien maigre lot, et c'est tout au plus si le
duché de Bourgogne lui semblait digne de leur être
offert.

Ces ambitions *indirectes*, pourrait-on dire, sont les plus
âpres et les plus tenaces ; ce sont celles qui poussent aux
entreprises les plus audacieuses, parce qu'elles sont désin-
téressées et irresponsables.

Lorsque le baron Guy parlait des forteresses bâties par
les Francs en Palestine et en Syrie, il ne manquait jamais
d'en compter les tours, de décrire leurs hautes murailles,
leurs belles et bonnes défenses, et, établissant toujours
une comparaison entre ces merveilleuses forteresses de

Margat, de Krak, d'Antarscus, de Laodicée, d'Antioche, d'Ascalon, de Giblet et de tant d'autres, avec le château de la Roche-Pont, il semblait que ce dernier ne fût qu'une bicoque, bonne pour abriter des vilains.

Quand le discours du baron prenait ce tour, et il le prenait souvent, la figure d'Anséric s'assombrissait, Élienor baissait les yeux, rougissait et allait chercher les enfants.

Un soir que le baron s'était complaisamment étendu sur l'emplacement et la solidité du château de Krak, qu'il avait vu commencer peu avant son départ de Syrie, et qui devait dépasser en étendue et en force les autres forteresses des chrétiens, Anseric interrompit tout à coup le récit : « Oncle, dit-il, l'assiette du château de la Roche-Pont me semble aussi bonne que celle de la forteresse des chevaliers d'outre-mer, et, s'il ne s'agit que de faire des tours plus épaisses et des murailles plus hautes que ne sont les nôtres, la chose est facile, qu'en dites-vous? » Le baron ne leva pas la tête. « Oui, dit-il, mais il faudrait le vouloir. — Et si je le voulais? — Peut-être le pourrais-tu, beau neveu, mais qui fait un bon château doit s'attendre à le voir attaquer. — Eh bien? — Eh bien! il le faudra défendre, beau neveu. — N'avons-nous pas des hommes et nous-mêmes? — Oui, il faut des hommes, des hommes aguerris, et des armes, et des mangonneaux; puis il faut faire vite, si on ne veut pas être attaqué avant que les ouvrages ne soient achevés; et il n'y a pas loin d'ici à la cour du duc, qui peut-être sera curieux de voir de près ce que fait le sire de la Roche-Pont. — Le duc! le duc! il n'a pas à s'enquérir si je fais rebâtir mon château; c'est affaire à moi, non à lui! — Il y a aussi les moines de l'abbaye qui s'en iront se plaindre près de notre sire le duc, bien qu'il ne fasse pas grand compte de ces robes blanches, noires ou grises, et lui persuaderont que, si tu élèves un château plus fort, c'est pour mettre plus facilement la main sur les biens de l'Église. Or, le duc préfère garder pour lui les trésors des couvents. — Pour les moines, dit Élienor, n'en ayez cure; si vous me laissez faire ils se tiendront en paix. — Eh! que ferez-vous, belle amie? reprit Anseric. — Voulez-vous me laisser agir comme je l'entendrai? — Soit; à votre volonté, belle amie. »

Il faut dire qu'Élienor, en sa qualité de femme et de dame de haute lignée, entrait, quoiqu'elle n'en laissât rien paraître, dans les vues du baron Guy, et n'avait de plus cher désir que de laisser à son aîné le plus beau domaine de la province.

Comme alliée à la maison de Nevers, elle n'aimait pas le duc, et les liens féodaux qui unissaient son domaine au duché de Bourgogne lui pesaient plus encore peut-être qu'à son époux.

Le lendemain, Élienor manda l'abbé, sous prétexte d'une affaire importante à lui communiquer. Celui-ci était un petit homme, pâle, aux yeux vifs et noirs, toujours vêtu avec recherche, autant que le comportait l'ordre de Cluny, qui, en fait de costume, était alors fort tolérant. Il arriva au château, sur une belle mule richement harnachée, suivi de deux moines également montés. Le

vin et les épices leur furent offerts dès leur entrée, et
quand l'abbé fut près d'Élienor, elle lui parla ainsi :

« Sire abbé, vous savez en quelle vénération je tiens votre
sainte abbaye et combien je désire accroître sa splen-
deur ; si notre sire et moi ne l'avons pas fait encore,
c'est que nous attendions une occasion favorable. Notre
sire et moi sommes heureux que cette occasion se pré-
sente au moment où vous gouvernez l'abbaye, parce que
nous avons, pour votre personne en particulier, une
estime profonde. Si donc ce que nous prétendons faire
est pour nous attirer plus spécialement la protection des
saints apôtres Pierre et Paul, c'est aussi en considération
de vos vertus et de votre sage gouvernement.

« Notre château est fort vieux et ruiné ; notre sire en-
tend le faire réparer, et, pour attirer sur ses murs la bé-
nédiction du ciel, il compte élever dans son enceinte une
belle chapelle qui sera desservie par vos religieux, suivant votre bon plaisir, et dépendant par conséquent de
l'abbaye. A l'entretien de la chapelle sera affectée une
rente annuelle de cent livres à prendre sur notre terre
de Try. De plus, votre obédience de Viel-Bois est laide et
délabrée ; notre sire veut la faire rebâtir et donner pour
son entretien insuffisant aujourd'hui, vingt-cinq journées
de vignes de notre domaine voisines, de cette obédience. »

A chaque partie de ce discours, l'abbé s'inclinait en baissant les yeux. « Dame, répondit-il, l'abbaye de Saint-Julien, fondée par un des ancêtres de notre sire, se réjouira des dons nouveaux que vous voulez bien lui assurer. Si elle a vu avec tristesse les différends qui se sont élevés parfois entre les seigneurs de la Roche-Pont et ses abbés, elle n'a jamais cessé d'adresser des prières à Dieu, à la Vierge Marie et aux saints apôtres Pierre et Paul pour l'illustre maison de ses fondateurs; et, dans les paroles sorties aujourd'hui de votre gracieuse bouche, ce qu'elle appréciera au-dessus des dons que vous lui faites, c'est l'assurance que ses privilèges et son indépendance seront sauvegardés de nouveau, comme ils l'étaient au temps passé.

— Assurément, reprit Élienor, nous veillerons à ce qu'il ne soit fait aucun dommage à vous et à vos vassaux, et la charte que nous vous remettrons mentionnera expressément notre désir de respecter, et, au besoin, de faire respecter par tous les immunités de l'abbaye. D'ailleurs, sire abbé, vous n'ignorez pas que, en ces temps malheureux, les biens de l'Église ne sont pas toujours respectés par ceux mêmes qui devraient les défendre. Vous savez les épreuves qu'a subies l'abbaye de Vézelay ; nous prétendons que le moustier de Saint-Julien soit à l'abri de ces insultes, et il n'est de plus sûr moyen pour protéger votre abbaye que de mettre le château en bon état de défense. »

En s'en retournant, l'abbé se demandait d'où venait ce changement. Il n'en rentra pas moins fort satisfait au moustier, et, après vêpres, un *Te Deum* fut chanté.

« Demain, beau sire, dit Élienor à son époux, lorsqu'on fut réuni pour le souper, si vous voulez, vous pourrez rebâtir votre château, l'abbé de Saint-Julien ne s'en plaindra pas. — Voilà la bonne fée qui a parlé, dit le baron Guy, il faut agir. — Par les corps saints ! dit Anseric, lorsqu'il sut à quelles conditions le silence de l'abbé serait assuré, belle amie, vous bâtissez si bien pour l'Église, qu'il ne restera rien pour le château! — A vrai dire, reprit le baron, il ne me plaît guère que ces moines aient un pied chez nous... Bah! nous mettrons la chapelle dans la baille, et, s'il faut défendre le château, les moines resteront dehors. — Mais qu'avez-vous donc sans cesse à médire de ces bons moines, sire oncle? — Ah! gentille fée, si vous les aviez vus comme je les ai vus sur les terres d'outre-mer, vous diriez comme moi que c'est la pire engeance... — Allons, ne blasphémez pas, sire oncle, nous sommes ici en terre chrétienne, et non chez les Sarrasins. »

Peu de jours après, en effet, Anseric mit les ouvriers à l'œuvre; le bourg et les villages du domaine durent

fournir leurs corvées en hommes, en bêtes de trait, en
chariots ; les matériaux ne manquaient pas dans le voisinage.
Des fours furent élevés pour cuire la chaux ; les forêts four-
nissaient les bois nécessaires, en quantité. Le baron Guy,
en raison de ses connaissances militaires, se chargea de
diriger l'entreprise. Il manda secrètement un maître des
œuvres qu'il avait connu en Palestine et qui était natif de
Troyes. Celui-ci fut bien reçu au château, bien nourri,
vêtu de neuf, mais surveillé avec soin dans la crainte qu'il
ne lui prît fantaisie de s'en aller. Les plans du nouveau
château furent arrêtés entre le baron et lui. On se servait
d'une partie des fortifications romaines qui existaient
encore. Mais il est nécessaire de connaître la situation des
constructions qui existaient alors sur le plateau (fig. 1),
pour l'intelligence de ce qui va suivre.

En A était le château de la Roche-Pont, construit sur
les restes romains et composé de bâtiments irréguliers, en
mauvais état ; en B, le cloître de l'abbaye, son église en C.
En D, l'abbatial.

Ce monastère était limité du côté de l'ouest par les ruines
de l'ancienne enceinte romaine, et sur les trois autres
côtés, par des murs crénelés, avec quelques échau-
guettes.

En E était le verger de l'abbaye ; en F celui du châ-

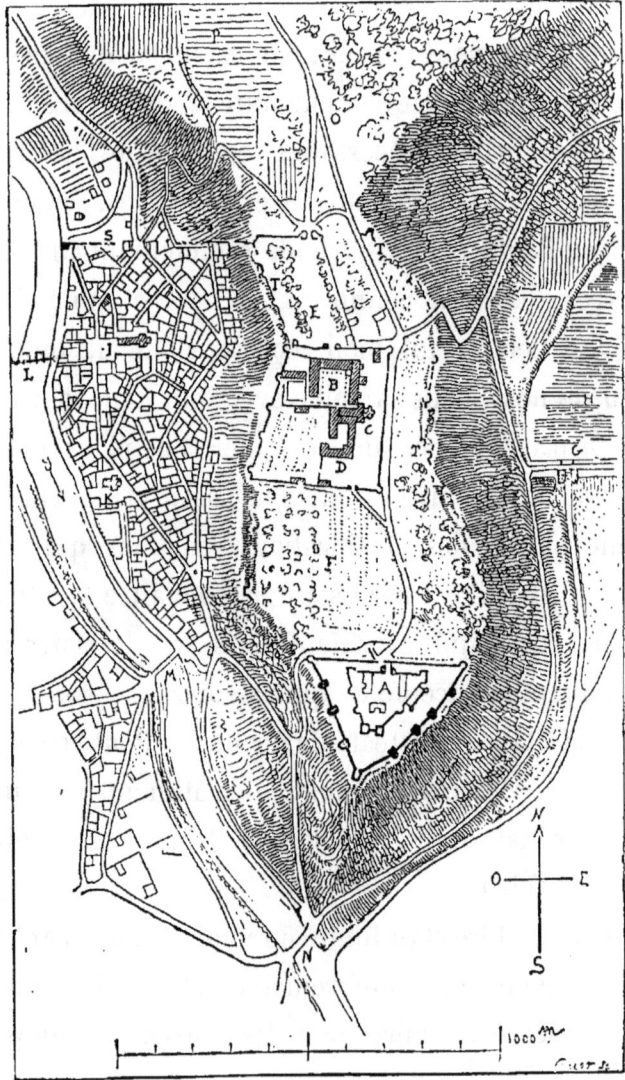

LE VIEUX CHATEAU DE LA ROCHE-PONT (Fig. 1).

teau [1]. Deux beaux moulins qui dépendaient de l'abbaye, étaient établis en G, et en H, l'étang, rempli par les retenues du ruisseau.

La ville haute, bâtie sur le versant occidental du plateau, possédait deux paroisses I et K... Un pont de bois avec moulins dépendant du château en L, un autre pont de bois en M, le pont de pierre romain en N.

Sur la rive droite s'élevaient quelques maisons avec jardins. En O la route du plateau bifurquait pour conduire à l'entrée de l'abbaye et à celle du château. En P, des terres cultivées, et en R la forêt qui s'étendait à plus de deux mille pas vers le nord. De l'ancien mur rampant romain S, il ne restait que des débris, ainsi que de l'enceinte T. Ces ruines, envahies par la végétation, formaient cependant un relief qu'il était possible de défendre.

La topographie générale connue, nous allons décrire les dispositions qui furent adoptées dans la construction du nouveau château (fig. 2). En O existait un fossé qui fut recreusé. Une barbacane s'éleva en A avec entrée sur son flanc gauche.

L'entrée principale du château dut être établie en B

---

1. Le verger était alors un jardin, planté d'arbres fruitiers et de bosquets, dans lequel on allait prendre le frais et se livrer à divers passe-temps.

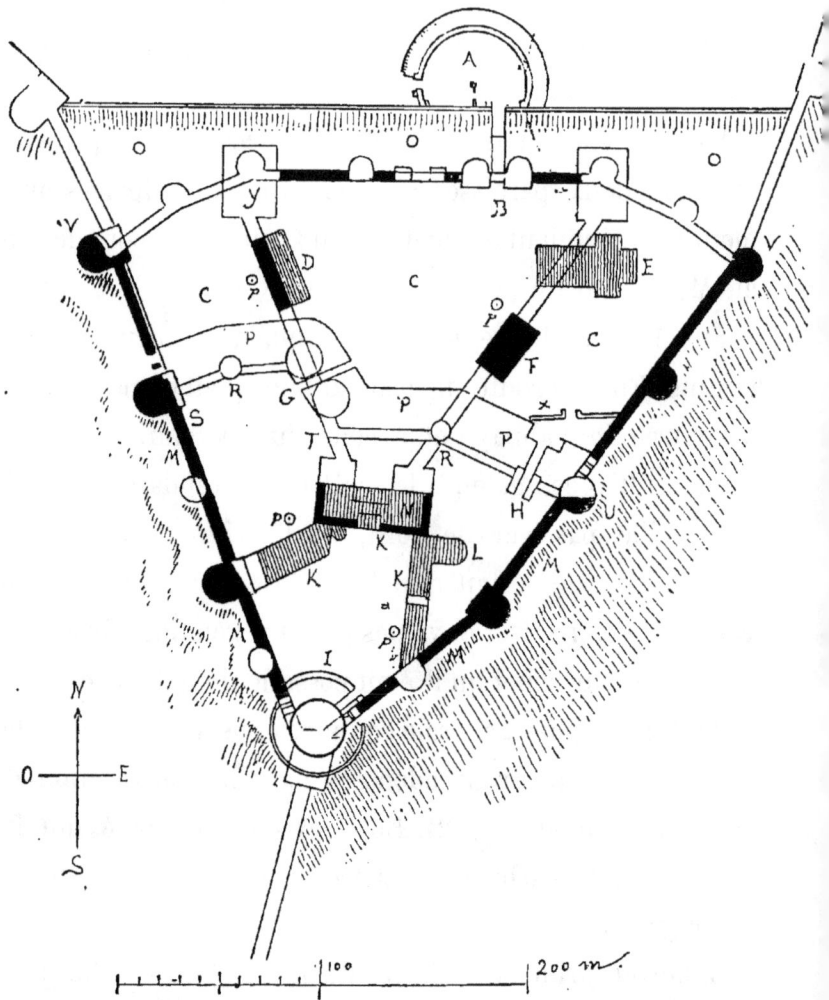

LE CHATEAU DU XIIᵉ SIÈCLE DE LA ROCHE-PONT (Fig. 2).

avec pont volant. Cette porte devait être protégée par deux
tours. Sur une partie de l'ancien front nord romain, on
projeta cinq tours dont les courtines allaient joindre les
deux tours antiques V, réparées et couronnées. Il devait
rester ainsi derrière cette première défense un grand
espace C. C'était la *baille*, avant-cour ou basse-cour dans
laquelle furent plantées la chapelle E promise à l'abbé,
des écuries D et dépendances F, sur une ruine romaine.
En P, on creusa un deuxième fossé qui dut protéger le
château proprement dit, dont la porte fut disposée en G.
Une poterne s'ouvrit en H. L'ancien mur romain M reçut
de nouveaux couronnements, et trois tours neuves durent
le renforcer.

En I on jeta les fondements du donjon en partie sur
maçonneries antiques; donjon défendu par une chemise
avec fossé. Les bâtiments d'habitation prenaient les empla-
cements K, avec une chapelle en L. Aux extrémités du
fossé P, des coupures furent pratiquées dans les deux
courtines romaines, pour intercepter, au besoin, toute
communication entre les défenses de la baille et celles du
château. Ce parti fut adopté également pour les deux courtines aboutissant au donjon.

Le baron Guy passait toutes ses journées, depuis la décision prise par son neveu, avec le maître des œuvres, Alain

4

de Troyes, pendant que les premiers ouvriers appelés déblayaient le terrain, arasaient les ruines romaines, que les corvées amenaient des approvisionnements de pierres, de sable, de cailloux, de bois, creusaient les fossés et les rigoles des fondations.

Le baron Guy tenait à élever en face du plateau (point d'attaque) un grand front, légèrement convexe pour dérober les saillants VV'. Il voulait une large barbacane au milieu de ce front, pour réunir les troupes destinées aux sorties, pour les protéger en cas de retraite. Il avait observé que toutes les bonnes défenses élevées en Syrie par les chrétiens plantaient toujours les entrées de telle sorte que l'assaillant fût obligé de présenter son flanc droit à la défense, ce qui était bien raisonné, puisque le flanc gauche est protégé par l'écu ou le pavoi. La position de la porte G du château avait été l'objet d'une longue étude entre le baron et son maître des œuvres. Celui-ci voulait la placer parallèlement à la première ; mais le baron insista pour qu'elle formât avec l'entrée de la baille un angle prononcé. Le maître de l'œuvre prétendait que la tour de gauche de cette porte G formerait alors un saillant mal défendu, attaquable ; mais le baron admit que, si l'assiégeant voulait battre ou miner cette tour, il serait battu en écharpe par la tour R ; qu'en donnant des sinuosités à ce front

du château, on découvrait tous les points de la baille,
que la porte principale était ainsi bien masquée, qu'on
en serait quitte pour donner une forte épaisseur aux
murs et un plus grand diamètre à ces deux tours de
l'entrée, et qu'enfin, si l'ennemi parvenait à faire tomber
la tour de gauche faisant saillant, il y avait la ressource de
se remparer de S en T et de prolonger ainsi la défense,
d'autant que cette tour du saillant abattue, l'autre reste-
terait intacte et commanderait la brèche.

La poterne H fut également l'objet d'une série d'obser-
vations de part et d'autre. Cette poterne était nécessaire
pour assurer les approvisionnements du château sans
encombrer l'entrée principale. Placée près de la tour
d'angle U, que l'ennemi ne pouvait battre à cause de
l'escarpement du plateau, cette poterne était bien protégée
par cette tour; puis elle devait être surmontée d'un
ouvrage quadrangulaire avec doubles herses et doubles
portes, et enfin une braie X défendait son approche. Il
fut entendu en outre que le gros bâtiment d'habitation
central, élevé sur les débris des tours carrées romaines,
serait crénelé, commanderait la courtine et par conséquent les deux entrées; des puits existaient ou furent
creusés en p.

Toutes choses ainsi bien arrêtées, les ouvrages furent

poussés activement. Le baron ne quittait pas les chantiers
et voulait voir chaque chose par lui-même. On commença
par le front nord de la baille et par la grande chapelle E.
Ce travail de l'extérieur ne changeait pas notablement
l'état ancien ; puis on se mit au donjon. Lorsque cette
tour de quatre-vingt-dix pieds de diamètre fut élevée à
trente pieds de haut, son aspect était déjà formidable.
Les gens de la ville regardaient de loin cette masse qui dominait la pointe du plateau, et se demandaient ce que leur
seigneur prétendait faire de cette grosse tour. L'abbé
était quelque peu soucieux ; mais on lui faisait si bien fête
au château qu'il ne disait mot, d'autant que la grande
chapelle de la baille promettait d'être fort belle.

Heureusement pour Anseric, le duc de Bourgogne avait
alors d'assez grosses affaires sur les bras ; des difficultés
avec le roi de France Philippe-Auguste étaient pour lui
un grave sujet d'inquiétudes, et il ne voulait pas en un
pareil moment s'aliéner sa noblesse. Plus de deux années
s'écoulèrent ainsi, sans qu'il survînt au châtelain d'embar-
ras sérieux. Alors le château était bien près d'être achevé.
Nous en donnons la vue cavalière (fig. 3), prise à l'angle
nord-est.

On ne parlait dans la contrée que du beau et fort châ-
tel neuf de la Roche-Pont, et il ne manquait pas dans le

VUE CAVALIÈRE DU CHATEAU DE LA ROCHE-PONT (Fig. 3).

voisinage de gentilshommes envieux des biens et des
alliances d'Anseric, qui cherchaient à le peindre aux yeux
du duc comme un ambitieux prêt à briser les liens féodaux qui l'unissaient à son seigneur. On allait jusqu'à
prétendre que le sire de la Roche-Pont, s'appuyant sur
son origine, ne visait à rien moins qu'à supplanter le duc,
et que déjà il avait à ce sujet noué des intrigues avec le
roi de France et Pierre de Courtenai, qui avait épousé
Agnès, sœur du dernier comte de Nevers et tante d'Élienor; que ses hommes étaient accablés sous le poids des
corvées, et que le duc ne pouvait admettre qu'un de ses
vassaux foulât ainsi le pauvre peuple pour élever un château tel que la Bourgogne n'en possédait pas de plus
fort.

Comme il n'arrive que trop souvent, la malveillance
dictait ainsi à Anseric la conduite qu'il avait à tenir pour
satisfaire ses projets ambitieux.

Le duc de Bourgogne, Hugues III, n'était rien moins
qu'un défenseur des biens de l'Église. L'abbé de Saint-
Julien ne l'ignorait pas; aussi, tout en se sentant l'esprit
troublé par les dispositions défensives du sire de la Roche-
Pont, et n'augurant rien de bon pour l'abbaye du voisinage d'un aussi fort château, n'osait-il manifester ses
craintes et essayer de les faire partager à la cour du duc,

car il craignait plus peut-être l'intervention de celui-ci
que la puissance de son voisin immédiat.

Hugues s'émut à la longue et prêta l'oreille à tout ce
qu'on rapportait des dispositions de son vassal. Une occasion lui découvrit bientôt ses véritables dispositions. Anseric, s'il avait des ennemis et des envieux à la cour du
duc, avait aussi quelques amis. Ceux-ci ne manquèrent
pas de l'informer des fâcheuses impressions qu'on avait
fait naître dans l'esprit du duc à son égard, d'autant que
celui-ci n'était guère réservé dans ses propos. On l'avait
entendu dire qu'il irait bientôt éprouver si la forteresse
de la Roche-Pont était aussi bonne qu'on le prétendait.
La prudence n'était pas davantage le fait du duc. Il avait
envoyé un parti de gens d'armes examiner les choses de
près. Or, les gens d'armes du duc avaient les habitudes
du maître ; ils étaient grands pillards et détrousseurs.
S'ils s'acquittèrent de leur mission, je ne le saurais dire,
mais il est certain qu'ils pillèrent quelques hameaux et
mirent le feu à plusieurs granges de l'abbaye de Saint-
Julien.

Grand fut l'émoi parmi les moines, qui ne manquèrent
pas de s'en plaindre au sire de la Roche-Pont.

Le fief de la Roche-Pont devait chaque année remettre
au duc de Bourgogne, à titre de redevance, six chevaux

de guerre harnachés. Habituellement, le sire de la Roche-
Pont se rendait à cette occasion à la cour du duc après
les fêtes de Pâques.

C'était en 1185. Anseric ne parut pas à la cour et n'envoya pas les six chevaux. Hugues les réclama; Anseric
répondit que les gens du duc avaient eux-mêmes pris les
chevaux qui lui étaient destinés, comme des pillards et
routiers; que c'était à eux à les remettre à leur maître;
que, quant à lui et à l'abbé de Saint-Julien, ils réclamaient
des dommages et demandaient que lesdits pillards fussent
pendus aux lieux des méfaits.

Que d'ailleurs, lui, Anseric, savait comment le duc de
Bourgogne accueillait les mauvais propos des ennemis de
la Roche-Pont, et qu'il choisirait son heure pour les
démentir.

A cette fière réponse, Hugues s'emporta et jura qu'il
ne prendrait pas de repos que le château de la Roche-
Pont ne fût rasé, dût-il lui en coûter le quart de sa seigneurie.

Le baron Guy n'avait pas vu grossir l'orage sans une
secrète joie; mais, s'il aimait la bataille et s'il nourrissait
une ambition démesurée, c'était un homme prudent et
qui, comme tous ceux qui ont séjourné longtemps en
Orient, savait nouer une intrigue et mettre les bonnes

chances de son côté. La plupart de ces vieux chevaliers de
Syrie doublaient le soldat d'un diplomate, par suite de
leurs rapports avec la cour de Constantinople et avec les
Sarrasins.

Après la réponse d'Anseric, il n'y avait plus qu'à se
préparer à la guerre, et à une guerre à outrance. Mais, si
bonne que fût la place, le baron Guy n'ignorait pas que
toute forteresse investie, si elle n'est secourue, finit par
tomber aux mains de l'assiégeant. Anseric n'avait pas
une armée à opposer en rase campagne à celle du duc ;
il pouvait réunir deux cent cinquante hommes d'armes,
ce qui faisait un total de douze] cents combattants environ, chaque homme d'armes étant accompagné de trois
ou quatre combattants. En ajoutant à cela les hommes
de la ville qui devaient le service au seigneur, on pouvait
compter sur une garnison de quinze à dix-huit cents
hommes.

Le baron Guy eut donc avec Élienor et Anseric une
longue conférence, le soir même de l'envoi de la réponse
au duc, après laquelle il fut résolu que la dame de la Roche-
Pont, bien accompagnée, se rendrait 'à la cour du roi de
France, lui promettant hommage-lige de la seigneurie de
la Roche-Pont, et lui demandant secours contre le duc
de Bourgogne, qui, sans raison, dévastait les terres de son

vassal et pillait les biens de l'abbaye de Saint-Julien. Le baron Guy avait quelques motifs de croire que cette démarche serait favorablement accueillie ; mais il se garda de dire tout ce qu'il savait à ce sujet. Il conseilla à sa nièce de se faire accompagner par l'abbé, s'il était possible, ou tout au moins par quelques religieux autorisés par celui-ci.

Dame Élienor accueillit ces ouvertures, sans faire la moindre objection, avec un calme apparent, bien que son cœur battît dans son mince corsage, à le rompre.

Elle employa la nuit, avec ses femmes, à faire les préparatifs de son voyage, et de grand matin, manda l'abbé.

L'abbé, qui en tout ceci voyait en perspective, quoi qu'il advînt, la dévastation des biens de l'abbaye, poussait force soupirs, s'exclamait, accusait la dureté du temps, mais ne résolvait rien.

« Sire abbé, lui dit enfin Élienor, avec ou sans vous ou vos religieux, je pars ce matin ; vous plaît-il mieux défendre votre cause vous-même ou la faire défendre par une femme ?

— Eh ! très gracieuse dame, reprit l'abbé, puis-je quitter mon troupeau, lorsque le loup s'apprête à le dévorer ?

— Eh bien, donnez-moi trois de vos religieux.

— Oui, c'est bien parlé... il le faut... il le faut.

— Qu'ils soient ici à cheval dans une heure.

— Oui, noble dame, ils y seront, à la garde de Dieu et de la sainte Vierge !

— Mais surtout, sire abbé, pas un mot de ce voyage, et que les religieux ne sachent où je les conduis.

— Oui, certes, ils seront, pour les frères, envoyés dans une obédience ou dans quelque abbaye voisine.

— C'est bien, et hâtez-vous ! »

Dame Élienor embrassa ses enfants, son époux et son oncle en pleurant ; mais, séchant ses larmes au moment de monter sur sa haquenée, elle apparut à sa petite troupe avec un visage calme.

« Belle nièce, lui dit le baron Guy, au moment où elle attendait sur le montoir, le duc fera tout, certainement, pour venir ici hâtivement. Il serait possible qu'il arrivât avant votre retour. S'il en était ainsi, marchez prudemment, cachez-vous et vos gens chez le vavasseur Pierre Landry, à deux lieues d'ici, dans la vallée ; il sera prévenu, guettera votre retour et me fera tenir de vos nouvelles. Nous aviserons alors. »

La troupe de la dame de la Roche-Pont se composait d'une douzaine d'hommes sûrs et fidèles, attachés au châ-

teau, commandés par un vieux chevalier prudent et avisé,
de deux femmes et des trois moines. La chevauchée était
destinée, pour les gens du château, à rendre visite à la dame
de Courtenai, tante d'Élienor.

II

Le duc de Bourgogne avait hâte de réduire son vassal.
Dans l'espace d'une quinzaine de jours, il avait réuni de
six à sept mille hommes et se mettait en marche. Pendant ce délai, Anseric et le baron Guy n'avaient pas perdu
de temps. On amoncelait dans le château des provisions de
bouche pour trois mois au moins. On fabriquait quatre
grands trébuchets et une demi-douzaine d'arbalètes à
tour. Des bois de charpente, en quantité suffisante, avaient
été débités dans la forêt pour établir des hourds, des
palissades, des bretèches. Une trentaine de tailleurs de
pierre travaillaient sans relâche à faire des projectiles
de soixante et cent livres pour les trébuchets. Chaque
ouvrier pouvait en façonner dix dans sa journée ; au bout
de quinze jours, l'approvisionnement était de quatre
mille cinq cents. Dans la ville, on travaillait aux arbalètes
de main, aux carreaux, car les citadins, qui devaient le

service, étaient tenus d'arriver armés, équipés et munis
de projectiles en quantité suffisante. Il y avait aussi des
archers pour lesquels on façonnait des flèches de bois
de frêne, des arcs de bois d'if, des cordes de chanvre long.

Bien que le sire de la Roche-Pont ne pût réunir, ainsi
qu'il a été dit précédemment, plus de dix-huit cents hommes, et qu'il ne pût, par conséquent, songer à défendre
tout le plateau, c'est-à-dire le château et l'abbaye, le
baron Guy, qui avait ses projets, insista pour qu'on ne
laissât pas l'ennemi occuper le monastère sans le défendre, fût-ce faiblement. « Tu dois défendre le monastère,
disait-il à son neveu, toutes fois que les intérêts du suzerain sont engagés ; or, puisque d'aujourd'hui tu rends
hommage-lige de ton fief au roi de France, il est ton
suzerain ; donc, ses intérêts sont engagés, et il est de ton
devoir de défendre l'abbaye. »

A ce raisonnement spécieux, Anseric ne trouvait rien
à objecter. On mit donc le mur nord de l'abbaye en état de
défense, on relia son angle nord-est aux débris de la
muraille romaine encore existants sur la crête du plateau
par une bonne palissade avec fossé, et on barricada la
crête occidentale au-dessus de la ville, entre l'abbaye et
la baille du château.

L'abbé avait bien fait mine de s'opposer à ces travaux,

prétendant avec raison que l'abbaye n'était pas en guerre avec le duc de Bourgogne et ne déclinait pas l'hommage qu'elle lui avait rendu. Mais le baron Guy était, en sa qualité de vieux chevalier d'outre-mer, un casuiste de première force, et, s'appuyant sur le texte des chartes, prétendait que le sire de la Roche-Pont combattait pour la cause du suzerain, que par conséquent il fallait exécuter les clauses des conventions relatives à l'abbaye. Ces discussions n'arrêtaient pas les travailleurs, et, quoique l'abbé eût mandé ses vassaux afin de protéger le monastère, ceux-ci ne se pressaient pas de se rendre à son appel, ne se croyant pas en état de résister aux vassaux d'Anseric, et préférant attendre le résultat de tout ceci avant de prendre un parti.

Le baron fit, en outre, creuser une tranchée de l'angle sud-est de l'enceinte de l'abbaye à la crête orientale du plateau; puis, il fit recouvrir cette tranchée de bois de charpente avec fascines, et rétablir le gazon par-dessus, afin que cette tranchée ne laissât aucune trace extérieure. En dehors de la barbacane du château et du fossé, fut élevée une bonne palissade qui protégeait sa circonférence en laissant entre le mur et elle un espace de vingt pas, et qui donnait des lices de trente pas de largeur en avant de la contrescarpe du fossé.

Le vingt-deuxième jour après la réponse d'Anseric, le
5 mai, les troupes du duc se présentèrent en face de
l'abbaye, sur le plateau. Les premiers arrivés se répandirent dans la ville qu'ils commençaient à piller, quand
le duc intervint et donna, contrairement à ses habitudes,
l'ordre de respecter les habitants et leurs biens. Écoutant
cette fois de sages conseils, il entendait séparer les intérêts des vassaux d'Anseric de ceux de leur seigneur,
isoler celui-ci et en avoir ainsi plus facilement raison.
Aussi, dès le soir même, fit-il publier à son de trompe
par toute la ville que ses armes n'en voulaient qu'au
seigneur de la Roche-Pont, déclaré félon, comme ayant
rompu les liens qui l'unissaient, en qualité de vassal, au
duc de Bourgogne; que les habitants de la ville et de la
vallée seraient respectés en tant qu'ils ne prendraient
point parti pour le sire de la Roche-Pont; que, de ce jour,
ils étaient déchargés de toute redevance et de tout service envers ledit sire; mais que ceux qui seraient con-
vaincus de prendre parti pour lui seraient pendus comme
traîtres envers leur légitime seigneur, le duc de Bourgogne. Un héraut se présenta devant les murs de l'abbaye
et prononça, à haute voix, la même déclaration. Mais le
baron Guy avait prévu le cas, et tous les gens de la ville
qui étaient venus en armes à l'appel d'Anseric étaient

enfermés dans le château. Il n'avait posté, pour défendre l'abbaye, que des hommes sur lesquels il pouvait compter, dépendant directement d'Anseric et attachés à sa fortune; puis quelques-uns de ces aventuriers qu'on recrutait pour ces cas de guerre, et qui, n'ayant ni foyer ni patrie, se battaient pour celui qui les payait le mieux.

Ces défenseurs de l'abbaye n'étaient guère qu'une centaine de gens déterminés. Ils accueillirent le discours du héraut avec des huées et des rires, en répondant qu'ils ne connaissaient d'autre seigneur que le roi de France; que s'il s'agissait de pendre, ils savaient tout aussi bien

le faire que les gens du duc. Pendant la nuit, deux mangonnaux furent braqués en face du mur nord du monastère et eurent bientôt écrêté les défenses; mais les hommes

d'Anseric s'étaient retranchés dans le bâtiment en retraite
de ce mur, et, quand les Bourguignons s'avancèrent avec
des échelles pour franchir l'enceinte, ils les accueillirent
par une grêle de traits qui tuèrent un certain nombre
d'assaillants.

Toutefois, ceux-ci couronnèrent la muraille et descen-
dirent dans la longue et étroite cour fermée par ce bâtiment. Là, ils furent exposés aux pierres et à tous les
débris de charpente que leur jetaient les défenseurs par
les fenêtres. La cour de l'est était barricadée, et Anseric,
avec une vingtaine d'hommes, gardait cette barricade. Il
la défendit bravement pendant une bonne heure, et les
Bourguignons, engagés dans un étroit espace, perdaient
du monde. Ceux-ci parvinrent toutefois à briser une
porte du bâtiment et à se précipiter dans le cloître. Là, ils
furent encore exposés aux traits et aux pierres lancés par
quelques défenseurs postés sur le côté nord de l'église.

Une troupe de Bourguignons attaquait la barricade
du sud-est en dehors du mur de clôture, pour prendre
l'abbaye à revers. C'est là que se tenait le baron Guy,
avec une cinquantaine d'hommes. Le combat fut dur et
sanglant, et avant de se retirer, voyant que les défenseurs
abandonnaient peu à peu l'abbaye, le baron fit mettre le
feu aux fascines de la tranchée en arrière.

Déjà, Anseric et ses hommes prenaient le chemin du château et étaient abrités par les défenses de la barbacane. Guy les rejoignit, poursuivi par une grosse troupe de Bourguignons. Mais la tranchée laissa bientôt échapper une épaisse fumée, et les assaillants qui survenaient, voyant le terrain miné, n'osaient avancer. C'est alors que Guy et Anseric se précipitèrent sur ceux qui s'étaient aventurés jusqu'à portée du trait et de la barbacane, et en tuèrent un bon nombre. Échauffés par le combat, exaspérés par la résistance, les gens du duc se répandirent dans les bâtiments de l'abbaye, achevant les blessés et pillant. Le feu, mis par les défenseurs ou par les Bourguignons, ne tarda pas à envahir le cloître et la toiture de l'église.

Les pauvres moines, assemblés dans le chœur pendant le combat, durent bientôt quitter ce refuge, car les tisons enflammés tombaient sur le pavé par les œils des voûtes. La nuit était alors venue, plusieurs furent massacrés par des soldats ivres. La plupart s'étaient blottis tremblants dans un rez-de-chaussée voûté. C'est là où les trouva le duc lorsqu'il entra dans l'abbaye en flammes. L'abbé se jeta à ses genoux; mais le duc irrité le repoussa durement, en lui disant : « Sire abbé, il convient mal à des gens d'église de combattre contre leur seigneur; si je

INCENDIE DE L'ABBAYE.

ne vous fais pas pendre vous et vos moines, c'est grâce à votre habit. Sortez d'ici et allez raconter à vos frères vos forfaitures! » L'abbé eut beau protester de son innocence, assurer que, si l'abbaye avait été défendue, c'était contre sa volonté, le duc, dont la colère semblait s'allumer à chaque mot du père, finit par donner l'ordre à ses gens de chasser dehors toute cette moinaillerie.

Ces malheureux, mourant de faim, s'en allèrent dans la ville, où quelques bonnes âmes les recueillirent; mais le duc ne l'entendait pas ainsi, et, dès le lendemain, il fit annoncer que tout habitant qui garderait un religieux chez lui serait pendu.

Rassemblant quelques provisions, les religieux prirent donc à pied le chemin de Cluny.

Le duc avait donné l'ordre d'éteindre l'incendie, car il prétendait habiter l'abbaye pendant le siège du château; mais il ne restait de logeable que le palais abbatial, situé au sud de l'église [1].

Retirés dans le château après avoir perdu le quart de leurs hommes engagés dans la lutte, Anseric et le baron Guy prenaient leurs dernières dispositions. Les gens rentrés avec eux étaient fort animés, car ils avaient fait subir

1. Voyez la figure 1.

à l'ennemi des pertes assez sensibles, et ils ne songeaient qu'à se bien défendre. Guy était ravi, et son visage sombre s'illuminait d'un éclair de gaieté.

« Cela va bien, dit-il à son neveu, quand ils furent seuls, cela va bien; maintenant que l'abbaye brûle, nous sommes assurés d'être secourus par le roi de France; c'est une bonne journée pour commencer. — Et ces pauvres moines, que leur est-il advenu?... Ah! sire oncle, il eût mieux valu les laisser en repos; nous aurions une trentaine de braves gens de plus ici, et nous n'aurions pas à nous reprocher d'avoir fait brûler le couvent et massacrer les moines, peut-être. — Laissez, laissez, beau neveu; les moines se tirent toujours d'affaire, et ils sauront bien réparer leur abbaye. Ce sont les gens du duc qui l'ont brûlée, d'ailleurs! Eh, ne devions-nous pas la défendre? Laissez! Jean Otte sort cette nuit par la poterne du donjon. C'est un rude homme et un fin matois; dans cinq jours il sera près de notre gentille Élienor et racontera comme quoi le beau duc a saccagé l'abbaye et brûlé toute la moinerie. Cela va bien! cela va bien. »

De part et d'autre, on avait fait une douzaine de prisonniers. Le lendemain matin, 7 mai, les gens du château virent trois de ces malheureux pendus par ordre du duc aux arbres du verger. Aussitôt trois prisonniers bourguignons furent pendus aux créneaux de la barbacane.

Aucun des ponts n'avait été détruit par les assiégés. Ils furent occupés par les gens du duc et défendus chacun par une bonne bretèche (fig, 4), afin d'empêcher toute

Fig. 4.

communication d'une rive à l'autre. Le mur sud de l'abbaye fut renforcé par des palissades qui réunissaient les deux crêtes ouest et est du plateau. Un poste fut établi dans les deux moulins du monastère[1], et une tour de bois s'éleva le long du ruisseau au-dessous du front sud-est du château.

Ces premières mesures prises, le duc fit creuser un fossé avec épaulement traversant le verger du château à

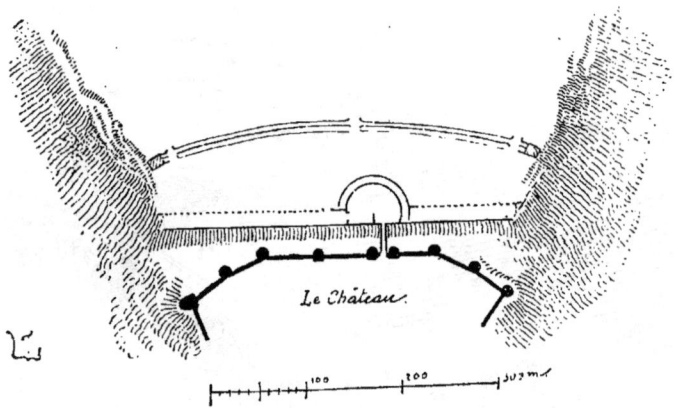

Fig. 5.

portée de trait et unissant les deux crêtes. Ce retranchement de contrevallation fut renforcé de deux tours de bois, une à chaque extrémité, avec issues près de chacune d'elles et au milieu (fig. 5). Le château était ainsi complètement investi (15 mai).

Pendant que ces travaux s'exécutaient, il y avait chaque

1. Voyez là figure 1 en G.

jour des escarmouches sans importance entre les défenseurs et les assiégeants. On se tâtait, mais on n'entre-
prenait rien de sérieux. Le duc tenait essentiellement à
ce que le sire de la Roche-Pont et ses hommes ne pussent
s'échapper; il prenait son temps. Le baron Guy s'en-
fermait souvent avec un certain personnage qu'il appelait
son chapelain et qu'il avait amené de Palestine. Dans le
château, ce chapelain n'était désigné autrement que sous
le nom du *Sarrasin*. C'était un grand gaillard maigre, à
la peau bistrée, aux yeux et à la chevelure noirs, qui
était toujours vêtu d'une sorte de souquenille grise. Il
parlait peu, ne buvait que de l'eau, mais ne manquait
jamais de se rendre à la chapelle du château pendant
les offices, et restait de longues heures en prières. Le
baron Guy prétendait que c'était un religieux du couvent
de Bethléem. Le fait est qu'il soignait les malades et
possédait des remèdes pour toutes les blessures. Il était
doux, ne regardait jamais une femme en face, était clerc,
et lisait à haute voix, de façon à charmer les oreilles les
plus délicates. Son nom officiel était frère Jérôme. Or,
pendant les loisirs que laissait l'ennemi aux assiégés, qui
n'étaient pas en nombre suffisant pour s'opposer aux
travaux d'investissement des Bourguignons, et qui ne
pouvaient faire autre chose que se garder soigneusement,

7

FRÈRE JÉROME.

on remarquait au château que le baron et frère Jérôme passaient des heures ensemble dans la salle basse d'une des tours, dont eux seuls gardaient la clef. De là, ils sortaient les vêtements souvent noircis.

C'était le huitième jour de l'investissement, qui paraissait alors complet (22 mai). Le baron Guy s'entretint secrètement avec son neveu et frère Jérôme, dans la soirée, et, vers six heures, l'ordre fut donné de dresser un des plus grands trébuchets, dont les charpentes avaient été transportées pendant la nuit précédente, à l'extrémité occidentale des lices, en dehors du fossé.

Vers deux heures du matin, l'engin était monté. En cette saison, il faisait encore nuit close. Aussitôt on essaya le tir contre la tour de droite de la contrevallation des assiégeants, avec des pierres; quand ce tir fut réglé, ce que l'on reconnut au bruit des projectiles tombant sur les charpentes, frère Jérôme plaça dans la poche de la pierrière bandée un barillet muni d'une mèche et, en donnant l'ordre de décliquer la verge de l'engin, il mit le feu à la mèche avec un charbon tiré d'un réchaud allumé exprès.

En sifflant, l'extrémité de la verge traça un arc de feu, et le barillet s'échappa en laissant derrière lui une longue traînée lumineuse; il frappa la tour de bois et, se brisant, répandit une gerbe de flammes blanches qui semblaient s'accrocher aux charpentes. L'engin, bandé de nouveau, envoya un second barillet et un troisième. La tour de bois ressemblait alors à une fournaise (fig. 6).

Grand fut l'émoi dans le poste des assiégeants, et, des remparts, les défenseurs pouvaient entendre leurs cris. Profitant de ce trouble, Anseric se fit ouvrir la barrière des lices, et, suivi de deux cents hommes, se dirigea au pas de course sur la contrevallation, franchit la porte du milieu qui était à peine gardée, et tourna sur sa gauche, longeant l'intérieur du terrassement ennemi.

Les Bourguignons s'étaient portés vers la tour pour essayer d'éteindre l'incendie. Les assiégeants se ruèrent sur ces gens en désordre, la plupart sans armes.

Le baron Guy était sorti aussi avec une deuxième troupe pour protéger la retraite de son neveu. De l'abbaye, le duc entendit les clameurs, vit le feu, et donna aussitôt l'ordre de marcher en avant.

Mais, pendant ces dernières heures de la nuit, les hommes sont peu dispos. Avant que le secours n'arrivât, Anseric avait eu le temps de tuer ou de mettre en fuite tout le poste de guet de la contrevallation. Il put donc rentrer dans les lices au petit pas et sans avoir perdu un seul de ses combattants; quelques-uns seulement étaient blessés.

SORTIE DE NUIT DE LA GARNISON DU CHATEAU (Fig. 6).

Le jour parut pour montrer au duc les restes fumants d'une de ses tours.

Cette sortie exalta le courage des assiégés ; aucun d'eux, si ce n'est ceux qui avaient fait la guerre d'outre-mer, ne connaissait les effets du feu grégeois. Ils se considéraient dès lors comme invincibles. C'était bien là-dessus que comptait le baron Guy en combinant cette attaque, qui n'avait au total, pour les assiégés, qu'un résultat insignifiant.

A la place de la tour de bois brûlée, le duc fit élever une terrasse, composée de clayonnages et de gazon, sur laquelle fut placé un bon plancher de poutres pour recevoir un trébuchet qui battait les lices et atteignait presque la barbacane ; puis, une autre terrasse, au milieu même du front de la contrevallation, avec un mangonneau dont les projectiles tombaient en plein dans cette barbacane. Les assiégés contre-battaient ces engins avec le premier trébuchet et avec un autre dressé dans la barbacane. De part et d'autre, pendant une journée que dura le tir, on ne se fit pas grand mal, car, sitôt que les soldats voyaient abaisser la verge de l'engin opposé, ils se garaient. Les assiégeants élargirent la terrasse centrale et, alors, purent y installer trois mangonneaux qui parvinrent à briser entièrement le trébuchet des assiégés installé dans la

barbacane, les palissades en avant et à écrêter le cré-
nelage. Force était aux gens du château de se blottir
contre les murs pour ne pas abandonner l'ouvrage.
Quand les assiégeants jugèrent les palissades indéfen-
dables et les crénelages suffisamment détruits, l'assaut
fut ordonné (25 mai).

D'abord, couverts par des mantelets ou leurs pavois,
les archers et arbalétriers s'avancèrent jusqu'à soixante
pas de la barbacane, formant autour d'elle un arc de
cercle, les archers en avant, les arbalétriers derrière.
Sitôt qu'un défenseur se montrait sur le chemin de ronde,
il était touché. Ceux-ci, garantis comme ils pouvaient par
les débris des merlons et par leurs pavois, ripostaient de
leur mieux, mais sans succès, car ils étaient fort gênés.
Ne voulant pas risquer la vie de ses hommes inutilement,
Anseric les fit coucher à plat-ventre sur le chemin de
ronde pour être prêts au moment de l'assaut.

Deux troupes de Bourguignons s'avancèrent alors munies
d'échelles à crochets et de planches qu'ils jetèrent sur le
petit fossé de la palissade. Quelques hommes déterminés
la défendirent; mais elle était tellement brisée par les
projectiles, que ses défenseurs durent l'abandonner.
Alors une trentaine d'échelles furent dressées contre la
barbacane, et des chapelets d'hommes gravirent leurs

échelons; mais les gens du château parvenaient à décrocher les montants et précipitaient les assaillants en bas; d'autres, se servant des débris des merlons, les écrasaient. Ceux de ces assaillants qui parvenaient jusqu'à la crête étaient reçus à coup de fouchards, d'épieux et de leviers.

Le pied de la barbacane était déjà couvert de morts et de blessés, de débris d'échelles et de pierres. Des tours de la porte de la baille, de bons arbalétriers, bien abrités, touchaient la plupart de ceux des assaillants qui parvenaient à enjamber les restes du parapet. L'assaut, trois fois renouvelé, fut trois fois repoussé, avec des pertes considérables chez les Bourguignons. L'assaillant avait brisé la porte de la barbacane; mais le baron, voyant qu'on ne pouvait défendre les lices, avait fait barricader cette porte en ne laissant qu'une étroite issue pour permettre aux derniers combattants des palissades de rentrer. Sitôt ceux-ci en dedans, des chevrons, des tonneaux furent accumulés contre cette porte. Sur ce flanc, les assaillants étaient exposés aux projectiles lancés des tours et courtines de la baille. Ils parvinrent cependant à établir des mantelets, pour se protéger, et jetant du soufre et de la résine sur ces débris de la porte, ils y mirent le feu. L'incendie se communiqua à la barricade; mais les défenseurs y apportaient sans cesse de nouveaux débris de

bois, et la nuit vint sans que l'ennemi eût pu occuper
l'ouvrage. Il n'en resta pas moins installé autour de la
barbacane, se mettant à couvert derrière des fascines et
des mantelets, et accumulant contre ses murs des troncs
d'arbres, des mottes de gazon, des paillasses prises dans
les maisons isolées, pendant qu'un trébuchet ne cessait
d'envoyer des pierres sur le terre-plein de la défense.
Les assiégés l'avaient abandonnée dès le milieu de la
nuit et avaient fait tomber le pont donnant entrée dans
la baille.

Au lever du soleil (26 mai), les Bourguignons purent
donc franchir sans résistance les murs de la barbacane ;
mais ils se trouvaient exposés directement aux projectiles
lancés des défenses de la baille garnies de hourds. Ce ne
fut pas sans perdre du monde que l'assiégeant put se
loger dans cette barbacane, dont il fit tomber un grand
pan de mur.

Puis, après avoir déblayé la brèche, il se mit en devoir
de faire avancer un *chat* qui avait été charpenté à l'avance,
hors de portée de trait, à quelque distance de la contrevallation, pendant qu'on élevait deux terrasses extérieure-
ment aux murs de la barbacane et s'appuyant sur ceux-ci
(fig. 7).

Les Bourguignons ne pouvaient entreprendre une nou-

8

L'ASSIÉGEANT SE LOGE DANS LA BARBACANE (Fig. 7).

velle attaque avant d'avoir complété ces ouvrages. Le
baron Guy voulut employer utilement ce répit. Derrière la
courtine de gauche de la porte de la baille, il fit établir sur
une plate-forme de charpente les deux trébuchets qui lui
restaient, puis réunir par une bonne palissade avec fossé
l'angle de la chapelle à l'angle du bâtiment D des écuries [1].
Les trébuchets étaient montés en dedans de cette palissade formant retranchement intérieur. Les bois des hourds
furent bien mouillés et enduits, autant que le tir de
l'ennemi le permettait, de terre détrempée. La précaution
n'était pas inutile, car les Bourguignons envoyèrent bientôt sur ces hourds, avec leurs arbalètes à tour, des traits
garnis d'étoupes trempées dans du goudron et enflammées.
Les assiégés, armés de perches auxquelles étaient attachés
des morceaux de couverture mouillés, éteignaient ces
projectiles sans trop de peine, car cette flamme n'avait
pas l'intensité du feu grégeois et ne s'attachait pas au
bois. Parfois même les étoupes s'éteignaient pendant le
trajet.

Les trébuchets des assiégés furent montés en douze
heures et commencèrent à projeter des pierres de soixante
et cent livres sur la barbacane occupée par l'ennemi, et

1. Voyez la figure 2.

même au delà, ce qui le gênait fort, car, ne voyant pas
les engins, il ne pouvait, avec les mangonneaux qu'il avait
établis sur les terrasses, les contre-battre qu'au jugé, et
tous les projectiles passaient bien au-dessus de la tête
des défenseurs. Pendant trois jours la situation de part et
d'autre ne changeait pas ; cependant les Bourguignons
étaient parvenus à combler le fossé à la gauche de la porte
de la baille, et ils avaient tant lancé de pierres avec leurs
mangonneaux contre les hourds des tours voisines, que
ces défenses de bois tombaient en pièces ; mais, en
arrière, les crénelages de pierre demeuraient intacts, et
les défenseurs étaient encore parfaitement abrités derrière
leurs merlons, d'où ils envoyaient force carreaux d'arbalètes et traits d'arc.

Quand le fossé fut comblé (30 mai), le chat s'avança
roulant sur des madriers en passant entre les deux terrasses, par la brèche de la barbacane. Puis le remblai du
fossé ayant une inclinaison vers la courtine, le chat vint
de lui-même frapper son museau ferré contre la muraille
(fig. 8).

Aussitôt les assiégés jetèrent sur son toit à double pente
d'énormes pierres, des poutres, des barillets de feu grégeois. Mais ce toit était solidement ferré ; ses pentes, très-
inclinées et couvertes de terre et de matelas mouillés,

LE CHAT (Fig. 8).

laissaient glisser à droite et à gauche les pierres, poutres et barillets. Des gens postés dans le chat, avec de longues fourches, repoussaient au loin les projectiles incendiaires pour qu'ils ne missent pas le feu aux parois de la galerie. Celle-ci résistait donc, malgré les efforts de l'assiégé ; les mineurs, protégés par son toit, s'attachèrent au pied de la muraille.

La nuit suivante, le baron Guy résolut de faire une dernière tentative pour incendier le chat. On entendait le travail des mineurs. Sous la porte B [1] de la baille, il existait une bouche d'égout qui rejetait les eaux pluviales de la cour dans le fossé. Cette bouche avait été en grande partie murée au moment où l'ennemi s'était présenté devant la place. Le tablier du pont, en tombant, l'avait d'ailleurs masquée aux assiégeants. Le baron la fit démurer sans bruit, avec des pinces ; et, quand l'ouverture fut assez large pour permettre à un homme de passer, il choisit trois gaillards déterminés qui, avec frère Jérôme, se glissèrent dans le fossé. Montant en rampant sur le remblai qui portait le chat, ils glissèrent sous sa galerie deux barillets de feu grégeois. Allumant les mèches à l'aide d'une préparation que le frère portait dans une boîte, ils se retirèrent comme

1. Voyez la figure 2.

ils étaient venus; la bouche de l'égout fut de nouveau
murée.

Du haut des tours voisines, les assiégés eurent alors la
joie de voir les barillets répandre des gerbes de flammes
blanches qui, s'attachant aux bois de la galerie, y mirent
le feu.

Plus les assiégeants jetaient de l'eau sur ces flammes,
plus elles prenaient d'intensité. Ils apportaient du gazon,
de la terre; du rempart, les gens du château recommen-
cèrent alors à lancer sur le toit du chat des poutres et des
pierres, puis encore des barillets de feu grégeois, des bottes
de paille et des fagots.

Malgré les efforts des Bourguignons, la galerie, toute
remplie d'une fumée suffocante, n'était plus tenable. Il
leur fallut l'abandonner, et ce fut à grand peine qu'ils
purent, en faisant la part du feu à coups de haches, en
conserver trois toises. De leur côté, les assiégés n'avaient
pu empêcher partie des restes des hourds, au-dessus du
chat, de prendre feu; mais ces hourds étaient déjà hors de
service, et leurs efforts se bornèrent à empêcher l'incendie
de se propager à droite et à gauche. Toute la tête du chat
contre la muraille et sur une longueur de vingt pieds était
brûlée. Le travail des mineurs était peu avancé; cependant ils avaient déjà enlevé assez de matériaux pour que

deux hommes pussent être à couvert des projectiles tombant des remparts. A la faveur de la nuit, des pionniers s'attachèrent donc de nouveau au trou de mine en rampant sous les débris du chat. Le temps était sombre et les défenseurs ne les virent pas. Mais frère Jérôme était aux écoutes, et bientôt il vint prévenir le baron que l'on minait de nouveau. « Eh bien! dit celui-ci, recommençons la manœuvre d'hier; fais passer des hommes par la bouche d'égout que ces Bourguignons sont assez sots pour n'avoir pas cherchée, et que de bons coups de couteau nous débarrassent de ces fouilleurs de murailles; mais pas de bruit! » La bouche d'égout fut de nouveau démurée, et frère Jérôme, avec les trois hommes de la veille, armés de longs couteaux, se glissant le long du mur, arrivèrent au trou de mine. Trois pionniers, tout occupés de leur travail, furent égorgés sans bruit; un quatrième, qui était en dehors, caché dans les débris du chat pour guetter, s'était endormi, n'entendit rien, et resta là sans que frère Jérôme et ses compagnons l'eussent aperçu. Réveillé peu après, il appela à voix basse ses camarades... rien; il avança les mains, toucha un cadavre, puis un deuxième, puis un troisième. Épouvanté, n'osant revenir vers les Bourguignons dans la crainte assez fondée d'être pendu, il longea la muraille, arriva aux débris du pont et se trouva devant

la bouche d'égout que l'on murait en silence pour la troisième fois. Une lanterne sourde jetait seulement une faible
clarté sur les travailleurs, que l'on pouvait apercevoir par
la petite ouverture qui restait à boucher. Le Bourguignon
comprit et prit aussitôt son parti.... « Transfuge! dit-il à
voix basse par l'ouverture. — Ta main... répondit frère
Jérôme. La main se montra à l'entrée du trou, et bon gré,
mal gré, non sans écorchures, tout le corps passa comme
par une filière, tiré par le frère et un de ses compagnons.
Le nouveau venu fut désarmé et conduit devant Anseric
et le baron, dès que la bouche d'égout eut été bien fermée.
Le pauvre diable demeura tremblant devant les deux sires
et raconta naïvement ce qui lui était arrivé. C'était un gar-
çon de Semur en Auxois, qui ne manquait pas d'esprit,
comme la plupart de ses compatriotes. Il donna tous les
détails qu'on lui demandait sur l'armée du duc.

« Écoute bien ceci, dit le baron : si le château est pris, tu
seras pendu par nous, avant l'entrée du premier Bourguignon. Si les gens du duc prennent le château, tu seras pendu
par eux, certainement. Si tu nous sers fidèlement et que les
troupes du duc soient obligées de lever le siège, le sire de
la Roche-Pont te prendra à son service; quel est ton état?
— Bourrelier. — Eh bien! tu seras attaché à ses écuries,
n'est-ce pas, beau neveu? — Certes, et s'il nous aide effi-

9

cacement, si les événements nous prouvent qu'il parle clair, il aura deux livres d'argent le siège levé. »

Cette dernière parole délia tout à fait la langue du bourrelier, qui dit tout ce qu'il savait sur le nombre des engins, sur les dispositions des assiégeants, sur les postes qui gardaient les tours de contrevallation ; après quoi, on l'envoya à l'office, où il eut bientôt fraternisé avec les gens d'Anseric. Toutefois, frère Jérôme reçut l'ordre de ne pas le perdre de vue.

Ce ne fut qu'au moment où l'on allait relever les mineurs que les Bourguignons s'aperçurent de ce qui était arrivé.

Le bourrelier, disparu, fut véhémentement soupçonné d'avoir assassiné ses camarades pendant le travail ; on le fit chercher, vainement, bien entendu.

Avant le lever du soleil, le baron Guy fit commencer un trou de contre-mine au point indiqué par le transfuge, en dedans du mur de la baille. « Si tu te trompes d'une demi-toise, dit le baron au bourrelier, tu seras pendu !... »

De part et d'autre on travaillait, et vers la fin du jour, les mineurs et contre-mineurs se rencontrèrent et s'attaquèrent dans cet étroit espace à coups de pinces et de pics. Les Bourguignons et le châtelain envoyaient des hommes, chacun de leur côté, pour s'emparer de la mine. Un barillet de feu grégeois fit lâcher pied aux gens du duc; mais la maçonnerie de la muraille, dont les mortiers n'avaient pas encore pris toute leur consistance, se lézarda au-dessus de la mine. Ce que voyant les Bourguignons, la nuit suivante, se servant du tronçon du chat resté intact, ils établirent une sorte d'avancée composée de pièces de bois, et amenèrent le matin un *bosson,* ou bélier à roues, (fig. 9), avec lequel ils se mirent à battre le pied de la muraille. A chaque coup, la maçonnerie était ébranlée et des moellons tombaient en dedans et en dehors.

Les assiégés essayèrent de briser le bosson, en laissant tomber sur sa tête de grosses pièces de bois ou de mettre le feu aux bois; mais ceux-ci avaient été mouillés, couverts de boue et garnis de fumier à la base; le parapet était si bien battu par les mangonneaux du duc et par les arbalétriers, qu'il n'était guère possible de s'y maintenir. Puis les hommes, sur ce mur ébranlé et vibrant à chaque coup du bélier, n'avaient pas leur sang-froid; ils ne prenaient pas bien leurs mesures, et le bosson résistait, d'autant que l'assaillant avait posé de grosses pièces de bois inclinées contre la muraille, qui faisaient glisser les poutres jetées par les assiégés.

Au bout de trois heures d'efforts, le mur céda et un pan de deux toises de longueur environ s'abattit sur le

LE BOSSON (Fig. 9).

bosson. Apportant aussitôt des madriers, des échelles,
les Bourguignons se précipitèrent à l'assaut par cette
brèche étroite.

Le combat fut rude ; les gens du château, montés, eux
aussi, sur les ruines du mur, combattaient bravement, ne
se laissant pas entamer.

Des courtines restées debout et des tours, les défenseurs couvraient la colonne d'assaut de traits et de
pierres. Les trébuchets en dedans du rempart ne ces-
saient d'envoyer des pierres qui, passant par-dessus la
tête des défenseurs et des assaillants sur la brèche,
allaient frapper les hommes qui se groupaient autour des
restes du chat, et faisaient au milieu d'eux de larges
trouées. Quand vint le soir, les Bourguignons étaient
maîtres de la brèche ; mais, voyant devant eux le rempart
intérieur, ils n'osèrent descendre et se logèrent sur cette
brèche, couverts par des mantelets et des fascines.

Ils attachèrent cette même soirée des mineurs entre
la tour d'angle nord-ouest et sa voisine, comptant ainsi
déborder le retranchement en passant par une deuxième
brèche[1]. Ils s'emparèrent également des deux chemins de
ronde de la courtine entamée, mais la tour de la porte et

1. Voyez la figure 2.

celle de gauche tenaient encore à huit heures du soir.
Une heure après, les assaillants, maîtres de ce chemin
de ronde de la courtine, mirent le feu aux combles de
ces tours (fig. 10) qui durent être abandonnées par les
défenseurs.

La porte était ainsi le matin au pouvoir de l'ennemi.
Les défenseurs tenaient encore le chemin de ronde à l'est
et à l'ouest de ces tours incendiées, les avaient barrica-
dées et étaient disposés à ne les abandonner que pied à
pied.

Les assaillants comme les défenseurs avaient besoin de
repos. Malgré leurs progrès, les Bourguignons perdaient
beaucoup de monde, tandis que les gens du château ne
comptaient qu'une centaine de morts et blessés. Par une
sorte d'accord tacite, la journée qui suivit cet assaut se
passa sans combat. Le duc, effrayé des pertes qu'il avait
déjà subies, voulait ne poursuivre l'attaque qu'en prenant toutes les mesures de prudence, car ses hommes
murmuraient, prétendant qu'on les faisait toujours combattre à découvert contre des soldats soigneusement
cachés, et que, si on parvenait jusqu'au donjon, il n'y
aurait plus un homme dans l'armée du duc pour y
entrer.

Cette journée se passa, du côté des Bourguignons, à

RETRANCHEMENT INTÉRIEUR

DE L'ASSIÉGÉ

LA BRÈCHE ET L'INCENDIE DE LA PORTE DU NORD
(Fig. 10).

bien se couvrir sur la brèche et à y installer une arbalète à tour, à créneler les murs de revers des tours dont
ils s'étaient emparés et à faire au débouché intérieur de
la porte une sorte de bretèche munie d'une seconde
arbalète à tour. Du côté des défenseurs, on fit un
deuxième retranchement de l'angle du bâtiment D[1] des
écuries, à la courtine de l'ouest, et une bonne barricade
de l'angle du chœur de la chapelle E à la tour voisine.
Puis, devant la porte principale du château, une bretèche
avec palissade pour protéger les hommes en cas de
retraite. Il était évident que le lendemain, 6 juin, une
action décisive rendrait les Bourguignons maîtres de la
baille, pour peu qu'ils agissent avec vigueur; mais il fallait leur faire payer cher ce succès.

Anseric, bien déterminé à résister jusqu'à la dernière
extrémité et à périr sous les ruines de son donjon, se
félicitait de l'absence d'Élienor et regrettait que ses
enfants ne fussent pas avec elle.

La noble dame n'était pas loin cependant.

Le soir de cette journée tout employée en préparatifs
pour l'attaque et la défense de la baille, elle était arrivée
avec son escorte chez le vavasseur Pierre Landry. Aus-

1. Voyez la figure 2.

sitôt celui-ci avait dépêché un messager sûr vers le château.

A la base du donjon était percé un trou obligue d'un
pied six pouces de côté qui, donnant dans la salle basse,
aboutissait sur le chemin de ronde laissé entre la grosse
tour et sa chemise extérieure. De ce chemin de ronde, un
souterrain, établi le long des fondations du mur romain,
descendait la rampe du plateau sur une longueur de dix
toises et débouchait dans une vieille carrière tout encombrée de broussailles. Deux bonnes grilles de fer fermaient
le souterrain. Des guetteurs étaient nuit et jour postés
dans ce souterrain; on les faisait couler et on les remontait par la trémie du donjon au moyen d'un chariot mû
par un treuil.

Anseric avait, à plusieurs reprises, fait sortir et rentrer des espions par cette voie, lesquels, la nuit, se glis-
saient entre les postes d'investissement des Bourguignons.
Or, à la nuit close, le messager de Pierre Landry se présenta au débouché du souterrain, fit l'appel convenu et
remit au guetteur une petite boîte, disant qu'il attendait
la réponse, caché dans la carrière. La boîte fut aussitôt
transmise à Anseric. Élienor le prévenait de son retour,
et qu'elle ferait en sorte la nuit suivante de rentrer au
château par la poterne du donjon avec son monde.

10

Anseric ne savait trop s'il devait se réjouir ou se désoler
de ce retour. Mais le baron lui fit observer qu'Élienor
avait joint au bout du vélin une fleur qui était un signe
de bonne nouvelle.

Le matin, 6 juin, les Bourguignons ne se pressaient
pas d'attaquer; ils se contentaient d'envoyer des traits en
dedans du retranchement, avec leur arbalète à tour et
force carreaux et sajettes du haut des tours abandonnées.
On leur répondait du haut de l'église, du bâtiment des
écuries et des grosses tours de la porte château. Vers
trois heures après midi, les mineurs attachés à la courtine nord-ouest, ainsi qu'il a été dit, firent tomber un
pan de cette courtine. Le duc avait ainsi trois débouchés
pour entrer dans la baille : cette dernière brèche, celle
ouverte l'avant-veille, et la porte. Le baron Guy conseilla
de ne pas perdre son temps et du monde pour défendre
cette seconde brèche, puisqu'on était retranché en arrière ;
mais, grâce à la tour du coin, il put s'opposer à la prise
immédiate du chemin de ronde des courtines de ce côté.
Les défenseurs occupant la tour Y[1] étaient ainsi coupés.
Anseric, au moyen d'une flèche, leur fit envoyer un
billet, recommandant de tenir ferme, aussi longtemps

1. Voyez la figure 2.

que possible. Heureusement, cette tour n'avait pas de portes sur la baille et n'était en communication apparente qu'avec les chemins de ronde. Or, ceux-ci, attenant à cette tour, restaient encore au pouvoir des gens du château, les Bourguignons ne possédant que les défenses de la partie centrale du front. Vers cinq heures, le signal de l'assaut fut donné. Trois colonnes débouchèrent en bon ordre par les deux brèches et la porte, et se précipitèrent, garanties par les écus et pavois, contre la palissade, se jetant résolûment dans le petit fossé, malgré les traits que leur envoyaient par derrière les défenseurs, possesseurs encore de la tour Y et de ses courtines.

Une issue avait été laissée à la forte barricade qui réunissait l'angle du chevet de la chapelle avec la tour voisine. Anseric, avec une troupe de ses meilleurs hommes, sortit par cette issue et se jeta sur le flanc de l'attaque, qui recula en désordre.

Alors d'autres issues bien marquées s'ouvrirent sur le front du retranchement, et les défenseurs reprirent l'offensive. Peu s'en fallut qu'ils ne s'emparassent des brèches et de la porte. Mais le duc, à la vue de ses gens en désordre, amena des réserves, et les trois flots des assaillants, quatre fois plus nombreux que les défenseurs, obligèrent ceux-ci à se retirer de nouveau derrière leurs retranche-

ments. Alors, vers sept heures du soir, — car ce combat
se prolongeait sans grand succès ni d'une part ni de l'autre, et les jours sont longs à cette époque de l'année, —
les deux arbalètes à tour lancèrent force traits garnis d'é-
toupes enflammées sur les combles du bâtiment des écuries et de la chapelle. Les gens du château, tout occupés
de la défense du retranchement, ne pouvaient songer à
éteindre l'incendie, d'autant que les arbalétriers, postés
sur les défenses de la baille au pouvoir des Bourguignons,
touchaient tous les défenseurs qui se démasquaient sur ces
bâtiments. Le feu gagna donc bientôt la charpente. Pendant l'attaque du retranchement, le duc voulut en finir
avec les défenseurs restés sur ses derrières dans la tour Y,
et qui inquiétaient les assaillants. Il leur fit crier, par un
héraut, qu'ils ne pouvaient plus espérer de secours, que,
s'ils ne se rendaient pas à l'instant, ils seraient tous passés
au fil de l'épée. Ces braves gens envoyèrent pour toute réponse au héraut un carreau d'arbalète qui le blessa.
Alors le duc, irrité, commanda d'accumuler en dedans de
la baille et dans le fossé extérieur des fascines, de la paille
et tous les bois qu'on aurait sous la main, et d'y mettre
le feu, afin d'enfumer ces rebelles. Bientôt, en effet,
des tourbillons de flammes léchèrent la tour Y, communi-
quèrent le feu aux débris des hourds et au comble. Pas

un homme ne cria « merci ! » car tous, voyant l'incendie
les gagner, aveuglés par la fumée, s'étaient retirés par un
souterrain qui, de cette tour, communiquait à la porte du
château — c'était un ouvrage romain, conservé sous l'antique courtine [1]. — En se retirant, ils avaient bouché
l'issue de ce couloir qui, d'ailleurs, fut bientôt encombrée
par les débris fumants des planchers de la tour. Le duc
fut convaincu qu'ils avaient péri dans les flammes plutôt
que de se rendre, et cela lui donna fort à penser.

Aux dernières lueurs du jour succéda, pour les combattants, la lumière de ces trois incendies.

Le ciel sembla vouloir ajouter à l'horreur de cette scène.
La journée avait été brûlante ; un orage éclata bientôt, accompagné de bourrasques de vent du sud-ouest qui
poussaient la fumée et semaient des tisons enflammés sur
les combattants.

Tantôt Anseric reprenait l'offensive avec ses meilleurs
soldats par la barricade de la chapelle ; tantôt, se trans-
portant à la palissade opposée, il débouchait le long du
rempart de l'ouest sur les assaillants, qui, de ce côté, essayaient de tourner le bâtiment des écuries. La direction
du vent était des plus défavorables aux Bourguignons ; ils

1. Voyez la figure 2.

recevaient en plein visage et la fumée et les flammèches
du bâtiment de l'ouest. L'attaque mollissait, malgré lès
efforts du duc pour obtenir un avantage décisif et pousser
son monde sur un point, avec ensemble. Une pluie tor-
rentielle et la fatigue arrêtèrent les combattants vers neuf
heures du soir.

Ils se touchaient presque, n'étant séparés que par le
retranchement. La pluie tombait si dru, que, de part et
d'autre, assaillants et défenseurs cherchèrent des abris et
qu'il ne resta plus que les guettes en dedans et en dehors
de la palissade.

A la nuit tombée, Élienor et son escorte, revêtus
d'habits de soldats bourguignons, sortirent à cheval de la
maison du vavasseur Jean Landry et conduits par lui. Ils
remontaient silencieusement la vallée et voyaient devant
eux la silhouette du château se détacher en noir sur le
ciel éclairé par les incendies. Tous, le cœur serré,
n'osaient se communiquer leurs craintes... Qu'est-ce qui
brûlait? L'ennemi était-il déjà dans la baille? Était-il
parvenu à mettre le feu aux défenses nord du château?
Arrivés à deux portées de trait de la tour de bois élevée
par le duc, à la jonction de la rivière avec le ruisseau,
ils longèrent celui-ci, le traversèrent à gué au-dessous du
moulin, laissèrent là leurs montures sous la garde des

gens du vavasseur et gravirent à pied la rampe du plateau, se dirigeant vers la carrière. Mais, à quelque distance de l'ouverture, à travers la pluie, Jean Landry, qui marchait en avant, aperçut des hommes, occupant la pointe du plateau, sous la chemise du donjon. Le duc avait envoyé en effet des compagnies pour surveiller les alentours du château pendant le combat, et surtout la base du donjon, supposant avec raison que cette défense possédait une poterne, suivant l'usage, et craignant que, si l'assaut tournait à son avantage, la garnison, désespérant de se défendre plus longtemps, après la prise de la baille, ne tentât de s'échapper par des issues cachées.

Jean Landry revint vers l'escorte d'Élienor et lui fit part de cette fâcheuse découverte. Il n'y avait pas à songer à entrer par la carrière. Que faire?...

Le vavasseur fit cacher du mieux qu'il put Élienor, ses deux femmes, les trois moines et les douze hommes d'armes, y compris leur capitaine, et se dirigea le long de l'escarpement en rampant dans les broussailles. Quelques éclairs lointains lui permettaient de découvrir parfois le pied des murs de l'est du château. Aucune troupe ne paraissait de ce côté; il s'avança donc peu à peu jusqu'au pied du rempart.

Après le combat, Anseric, plein d'inquiétude et sans perdre le temps d'ôter son habillement de guerre, couvert de boue et de sang, avait couru vers la poterne du donjon. Là, il avait appris par ses guettes que les alentours de la chemise étaient occupés par les Bourguignons, à petite portée de trait, qu'ils étaient nombreux, bien pavoisés et correspondaient avec un autre poste établi au-dessous du rempart de l'ouest, et un troisième sur le flanc oriental.

Anseric sentit une sueur glacée lui couvrir le visage; mais il se dit que le vavasseur était prudent et ne viendrait certes pas se jeter tête baissée dans le piège. Il pensa un instant à sortir avec ses plus braves par la poterne pour tomber sur cette troupe, mais à quoi bon? Celle-ci serait bientôt soutenue, le poste de la tour de bois prendrait les armes, toute chance de faire rentrer Élienor et son monde serait compromise. Le mieux serait de faire éloigner sa femme et d'attendre les événements... Mais comment l'avertir? Impossible de faire passer un messager. Il remontait donc, songeur, les degrés de la poterne; le baron venait de ce côté, Anseric le mit au courant de tout.

« Rien n'est perdu, beau neveu, répondit-il, nous ferons rentrer Élienor, car il est nécessaire que nous sachions d'elle-même le résultat de sa mission ; cela doit influer dans un sens ou dans l'autre sur la suite de notre défense... Laissez-moi faire... Frère Jérôme est un grand clerc, nous allons nous concerter...

« En attendant, allez guetter les dehors du haut des remparts de l'est ; car, si Jean Landry vient seul ou avec notre monde, ce ne peut être que par ce côté, puisqu'il ne peut passer la rivière dont les ponts sont gardés. Il a dû traverser le ruisseau pour se rendre au débouché de la poterne. Allez ; regardez et écoutez bien !... »

Anseric, monté sur les défenses de l'est, recommanda à ses gens le plus grand silence et se mit aux écoutes, dans une tour, puis dans la suivante ; mais il n'entendait que le grésillement de la pluie sur les combles et les plaintes du vent. Bientôt le baron et frère Jérôme, munis d'une longue corde, vinrent le trouver. « Tranquillisez-vous, beau neveu, frère Jérôme va d'abord faire une reconnaissance... Mais appelons à nous quatre hommes pour nous aider. »

Une planchette était fixée transversalement à un bout de la corde. Ce bout fut jeté en dehors par un créneau, tandis que la corde était maintenue par les quatre hommes. Frère Jérôme, son vêtement gris retroussé, un large couteau à la ceinture, mit les pieds sur la planchette,

11

empoigna le filin des deux mains et on laissa aller dou-
cement. Quand la corde fut lâche, le frère était au pied
du rempart ; on attendit.

Au bout d'une demi-heure, qui parut un siècle à Anseric, un léger mouvement, imprimé à la corde, fit connaître que frère Jérôme revenait. La corde se tendit et
les quatre hommes eurent bientôt hissé le frère jusqu'aux
merlons. « Eh bien? dit Anseric. — Le vavasseur est
là, j'ai failli le tuer, le prenant pour un Bourguignon,
car il en a l'habit; c'est lui qui m'a reconnu et m'a
appelé par mon nom. — Eh bien! Eh bien! Élienor? —
Tous sont là, cachés, car les Bourguignons ne sont guère
loin ; par ce temps du diable, ils sont terrés comme des
lapins. Il ne faut pas perdre de temps. Descendons une
barquette au bout de la corde, nous remonterons dame
Elienor et les autres après, si les Bourguignons nous
laissent faire. »

La barquette fut bientôt apportée et solidement fixée
à la corde, puis descendue. Une secousse imprimée au
câble fit connaître que Jean Landry était en bas. Peu
après, une seconde secousse avertit que la barquette
était chargée. On hissa, et dame Élienor montra bientôt
son visage au créneau. Toutes les mains l'enlevèrent
dans les bras de son époux. Les deux femmes, le capi-

taine, les onze hommes d'armes et les trois moines furent ainsi hissés, sans encombre, mais mouillés jusqu'aux os.

Malgré la perte de la baille et la mort d'un bon nombre des leurs, les gens d'Anseric étaient dans la joie au château lorsque, au petit jour, on fit savoir aux défenseurs qu'ils allaient être secourus par une armée du roi de France; qu'il ne s'agissait que de se bien défendre encore quelques jours.

La mission d'Élienor avait pleinement réussi. Le roi Philippe-Auguste, qui semblait hésitant d'abord, s'était promptement décidé, lorsque le messager Jean Otte était venu apprendre à Élienor le brûlement de l'abbaye. Le roi avait voulu voir ce messager, et celui-ci, qui savait son monde, avait raconté comment les gens du duc, sans sommation, sans provocation aucune, s'étaient emparés du moustier, y avaient mis le feu, avaient massacré quelques moines et chassé ceux qui restaient. Peu après, une lettre de l'abbé de Cluny vint confirmer le fait en implorant la justice du roi.

Élienor, en femme avisée, n'avait pas manqué de faire savoir au suzerain que le plus cher désir de son époux et d'elle-même, depuis longtemps, était de mettre le fief de la Roche-Pont entre les mains du roi, qu'ils n'auraient pas cependant décliné l'hommage rendu au duc pour ce fief, si ce seigneur n'avait, par ses violences et les pilleries de ses gens, provoqué cette décision de leur part. Que, loin d'être le protecteur de ses vassaux, ledit duc ne pensait qu'à les ruiner, et que si lui, roi de France, se présentait sur les terres de la Roche-Pont, il y serait accueilli comme le souverain et puissant justicier, seul digne de gouverner.

L'occasion était trop belle pour que Philippe-Auguste ne s'empressât pas de la saisir. Amoindrir sous un prétexte aussi plausible, en mettant de son côté le bon droit, la puissance d'un grand vassal, cela entrait trop bien dans ses projets pour qu'il ne mît pas en cette affaire l'activité et la fermeté qu'il savait si bien déployer. Élienor quitta la cour avec l'assurance que, peu de jours après son retour à la Roche-Pont, l'armée du roi se présenterait devant les troupes du duc de Bourgogne.

Il s'agissait donc de soutenir énergiquement les attaques de l'armée ennemie. Les défenseurs n'étaient plus qu'un millier d'hommes en état de résister efficacement; mais le périmètre de la défense était sensiblement réduit, car il n'était plus possible de reprendre l'enceinte de la baille. Il fallait s'en tenir aux murailles du château, en arrêtant les progrès des Bourguignons. Le baron Guy faisait bon

marché du retranchement élevé entre le bâtiment des
écuries et la chapelle ; mais il tenait essentiellement à
conserver le plus longtemps possible la partie occidentale
de la baille, car le flanc nord de la porte du château présentait un point faible, bien qu'il fût défendu par trois
tours. Le baron, convaincu que le duc ne ménageait pas
la vie de ses hommes, ne doutait pas qu'en sacrifiant un
millier de soldats, on pût, en quarante-huit heures, éven-
trer ce front ; il fallait donc, à tout prix, entraver les
travaux d'approche sur ce point. Le bâtiment D[1] des écuries
était brûlé. Mais heureusement le mur latéral du bâtiment,
donnant vers l'ouest, était un reste de la courtine romaine,
épaisse et solide construction. Entre ce bâtiment et le fossé
du château, l'ennemi ne pouvait passer. Il ne pouvait
attaquer que par la brèche pratiquée à côté de la tour Y, ou
par l'intervalle laissé entre cette tour et le bâtiment incen-
dié D. La tour V de l'angle occidental était restée au pouvoir des défenseurs. Elle était large, solide, appuyée sur
la substruction romaine et couverte par une plate-forme
sur voûte. A la fin de la nuit, le baron avait hâtivement
fait démonter les deux trébuchets demeurés en dedans de
la palissade. Les bois avaient été portés dans la cour du

1. Voyez la figure 2.

château, car, prévoyant que le retranchement palissadé ne pourrait tenir longtemps, il ne voulait pas que ces engins restassent au pouvoir des Bourguignons. Dans la tour occidentale V du coin, une forte arbalète à tour avait été réservée. Le baron la fit dresser au jour, sur la plate-forme[1], non sans peine. Mais, pour bien saisir ce qui va suivre, un tracé nous est nécessaire, indiquant la position des ennemis et l'état des défenses (fig. 11).

Les défenseurs occupaient encore, le 7 juin au matin, le retranchement C, celui A A et la barricade B ; en II, avait été élevée, dès le commencement du siège, une bonne palissade devant l'entrée, avec bretèche. En D', une autre palissade se dressait en avant du fossé ; en E était un deuxième retranchement, devant l'entrée de la poterne, et en G une forte barricade. Le bâtiment F, reste de la construction romaine, surmonté d'un couronnement crénelé, pouvait résister longtemps. Les tours V, M, m, m' et V' étaient encore au pouvoir des défenseurs et prenaient à revers les assaillants, prétendant entrer dans la chapelle I et dans le bâtiment des écuries D, incendiés.

Il fut résolu entre Anseric et son oncle qu'on aban-

1. Voir la vue générale à vol d'oiseau, figure 3

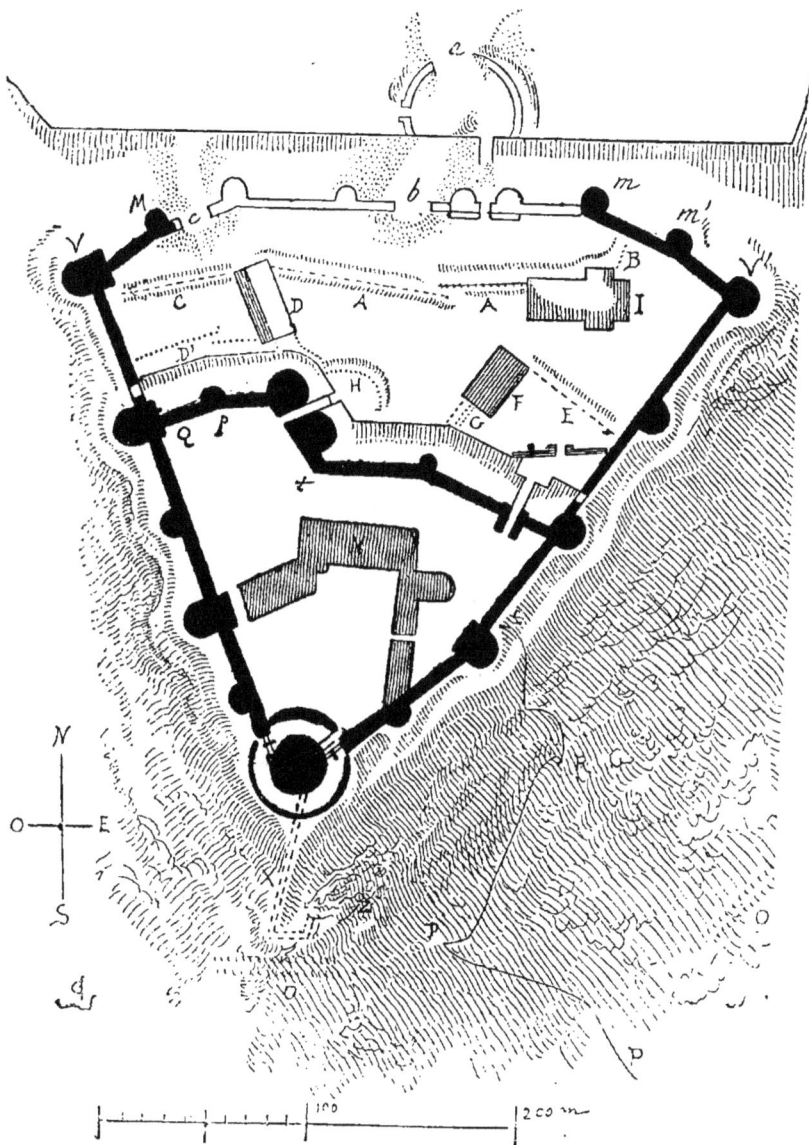

LA PRISE DE LA BAILLE (Fig. 11).

donnerait le retranchement AA. Il était inutile de perdre des hommes pour le défendre, l'ennemi ne pouvant s'aventurer dans le rentrant formé par les deux tours de la porte et le bâtiment F. Il était préférable de porter tous les efforts de la défense en C, car, évidemment, c'était le point d'attaque.

Vers cinq heures du matin, le retranchement AA fut donc abandonné, et, en effet, les Bourguignons se contentèrent d'y pratiquer des trouées sans aller plus avant.

Le duc, dès l'aube, avait fait jeter force traits enflammés sur les combles de la tour M ; mais l'arbalète à tour, montée sur celle du coin V par les défenseurs, gênait beaucoup les assaillants groupés en dehors et se préparant à faire un vigoureux effort par la brèche C.

Ce fut vers midi que l'ordre fut donné par le duc d'attaquer à la fois sur deux points ; alors le comble de la tour M avait pris feu. La première attaque assaillit vigoureusement le retranchement C. La seconde faisait une trouée dans les murs calcinés de la chapelle, afin de s'emparer de la palissade E. En même temps, deux arbalètes à tour, mises en batterie en dehors, couvraient les combles des tours m, m' et V' de traits enflammés pendant qu'un trébuchet brisait à coups de pierres les hourds et crénelages.

Les défenseurs, postés au sommet de la tour V, en lançant des pierres et des carreaux d'arbalètes sur les flancs des assaillants qui s'acharnaient à l'attaque du retranchement C, leur faisaient beaucoup de mal, leurs pavois ne pouvant les garantir de face et de flanc, et, du petit front du château, de bons archers envoyaient, par-dessus la tête des leurs, force sajettes aux assaillants qui se présentaient à la brèche C, car on était à portée de flèches.

Voyant qu'on ne pouvait mordre, le duc fit retirer ses gens et amener des mantelets qui furent établis perpendiculairement à la muraille et faisant face à la tour du coin, puis un petit bosson sur roues, solidement armé

Fig. 12.

à sa tête d'une grosse pointe de fer. Les roues de ce bosson étaient pavoisées (fig. 12) pour préserver les gens

12

chargés de le manœuvrer. Puis une vingtaine d'hommes,
avec de lourdes pinces de fer, couverts, attendaient l'effet
du bosson. Au quatrième coup contre la palissade, une
douzaine de pieux étaient fortement ébranlés et les tra-
verses brisées.

Alors les pionniers, armés de pinces, se mirent en
devoir de faire tomber les pieux ébranlés ou tout au moins
de les écarter. La colonne d'assaut se rua sur ces ouvertures. On se battit là corps à corps et si bien serrés que les
gens postés dans la tour du coin n'osaient plus tirer dans
la crainte de blesser leurs camarades.

Du côté opposé, les Bourguignons étaient parvenus à
faire un large trou dans le mur sud de la chapelle, et,
masqués par ses ruines, attaquèrent l'angle du retranchement E[1]. De la courtine de l'est, les défenseurs, toutefois,
leur envoyaient des pierres et des traits par derrière, et
cette attaque était molle, le duc étant tout occupé à diriger l'autre.

Anseric défendait ce point d'après le désir du baron
qui lui avait dit de reprendre l'offensive en s'appuyant
sur le bâtiment F, pour peu que la chose fût possible.

Un des hommes postés sur les défenses de la porte

1. Voir la figure 11.

descendit rapidement, et, passant par la poterne, vint lui
dire que le retranchement C était forcé et son monde
très compromis sur ce point. Anseric alors, enlevant
deux cent cinquante hommes qu'il avait avec lui, sortit
du retranchement par son extrémité est, se jeta avec
fureur contre les assaillants, les mit en désordre, et, laissant une quarantaine de braves gens pour défendre le
trou de la chapelle et la barricade B restée presque
intacte, il traversa obliquement le terre-plein de la baille,
franchit le retranchement A détruit en partie, et tomba
sur le flanc gauche des assaillants, poussant le cri de
guerre : Rochepont! Rochepont!... Les Bourguignons, sur-
pris par cette attaque imprévue, ne sachant d'où venaient
ces gens-là, abandonnèrent le retranchement, le bosson
et même la brèche C.

Les troupes du baron, à cette vue, reprirent courage
et, tuant tous ceux qui étaient restés en dedans de la
baille, occupèrent de nouveau la brèche c, pendant
qu'Anseric occupait la barricade C. Le bosson fut brisé à
coups de hache et les mantelets, laissés par l'ennemi,
disposés pour réparer les palissades renversées.

Le duc était hors de lui, il avait brisé son épée sur le
dos des fuyards. Mais il n'y avait plus rien à tenter pour
ce jour-là, et tout ce qu'il avait conquis avec tant de

peine était compromis. On voyait les défenseurs barricader les brèches, et on entendait les cris des malheureux restés dans la baille, égorgés sans quartier.

Depuis le commencement du siège, les Bourguignons avaient perdu plus de deux mille hommes, et l'armée du duc ne comptait, au 7 juin, que quatre mille cinq cents ou cinq mille hommes au plus. Les assiégés étaient réduits au nombre de mille combattants environ; mais ils étaient pleins d'espoir, assurés du succès, tandis que les assiégeants perdaient confiance. Leurs progrès n'avaient été obtenus qu'à la suite de sacrifices énormes, et cette dernière affaire pouvait achever de les démoraliser.

Le duc avait cru enlever cette place en un mois tout au plus; il se trouvait, au bout de trente-deux jours, avoir perdu le tiers de son armée sans être beaucoup plus avancé que le surlendemain de son arrivée. La suite, la méthode avaient fait défaut dans les diverses phases du siège, il le reconnaissait un peu tard. Si, au lieu de poursuivre leurs avantages au centre du front de la baille, les assiégeants s'étaient contentés de la prise de la barbacane pour empêcher toute sortie de ce côté, et si, avec de bons terrassements, ils s'étaient avancés en se couvrant, contre l'extrémité occidentale de ce front

sur la tour M [1], en portant tous leurs efforts sur ce point
et en établissant un beffroi roulant, ils prenaient possession de la cour occidentale, détruisaient successivement
les ouvrages à leur droite, pouvaient se garantir contre
un retour offensif sur leur gauche et entamaient le château par son côté faible; c'est-à-dire entre les tours de la
porte et celle Q. Ainsi pouvaient-ils prendre à revers
toutes les défenses orientales en cheminant le long de la
courtine occidentale par des brèches successives.

Le duc, il est vrai, ne connaissait pas la place et croyait
qu'en l'éventrant largement sur son centre, il la frap-
pait au cœur.

Ces réflexions lui venaient après coup ; il ne pouvait
reculer, et il était urgent de prendre un parti. Réunissant
donc le soir de cette journée les principaux chefs, il leur
déclara qu'il fallait tenter un effort décisif ; qu'il avait été
facile de reconnaître, malgré l'échec de la journée, que si
l'on pouvait s'emparer définitivement de la cour occidentale de la baille, on aurait bientôt entamé le château sur
le flanc de la défense de la porte, et que, une fois ce flanc
pris, le château tombait en leur pouvoir. Les soldats,
quelque peu honteux de la panique qui leur avait fait

1. Voir la figure 11.

perdre les avantages conquis, se renvoyaient les uns aux
autres la faute de cette défaillance, et les premiers qui
avaient fui étaient disposés à montrer leur vaillance.
Quand donc, le matin du 8 juin, l'assaut de la brèche *c*
perdue fut ordonné et que tout fut préparé pour se cou -
vrir à l'intérieur de la baille, les Bourguignons ne deman-
dèrent qu'à marcher en avant.

Dans le château on s'attendait bien à un retour offensif
vigoureux, et le baron pensait que cet effort se produirait
sur la brèche *c*. Aussi, avait-on passé une partie de la
nuit à barricader fortement cette brèche. De bonne heure
deux arbalètes à tour bourguignonnes et un trébuchet,
couvrirent cette brèche de traits et de pierres, si bien que
les défenseurs se tenaient à droite et à gauche derrière les
restes des courtines ; vers dix heures, la barricade était en
pièces et ne présentait qu'un amas de débris. La palissade
du retranchement en arrière était même entamée, et, sous
les projectiles qui pleuvaient sur ce point, les défenseurs
ne trouvaient pas le temps de la réparer. Alors s'ébranla
la première colonne d'assaut qui franchit la brèche et
arriva à la palissade. Anseric, posté derrière le bâtiment
D des écuries, voulut, comme la veille, prendre cette
colonne en flanc, mais une deuxième troupe se précipita
sur la brèche, et peu s'en fallut que le sire de la Roche-

Pont ne fût pris. Il se retira à grand'peine avec les siens
dans l'avancée de la porte et vint prêter secours aux défenseurs de la cour de l'ouest. Le flot des Bourguignons
croissait toujours, la palissade était enlevée, et on se
battait bravement pour défendre et prendre la deuxième
palissade D'. Les gens du château ne pouvaient se déve-
lopper sur ce point, et Anseric craignait qu'ils ne fussent
coupés et ne pussent se retirer dans l'avancée H de la
porte ; il ordonna donc la retraite dans la soirée, pendant
que, des trois tours et de la courtine du château, on
envoyait des pierres, des carreaux et des flèches sur les
assaillants serrés dans la cour.

La tour V, qui demeurait toujours au pouvoir des
assiégés, prenait les Bourguignons à revers, et ceux-ci
employèrent tout le reste du jour à se couvrir de face et
de flanc, pendant que le duc faisait miner la tour M.

La porte de la tour V, donnant sur la baille, avait été
brisée ; mais l'escalier était si bien barricadé avec des
moellons et des débris, qu'on eût tenté vainement de le
dégager, et que, l'eût-on fait, les assaillants étaient facilement écrasés par les défenseurs.

Un pont de bois reliait la courtine de la baille de ce
côté à la tour d'angle du château. A l'aide d'une arbalète
à tour, les Bourguignons parvinrent à y attacher le feu,

et alors force fut aux défenseurs d'abandonner à la hâte
la tour V. On les vit rentrer dans le château au moment
où la flamme commençait à entamer le pont. Peu s'en
fallut même que l'incendie ne se communiquât aux
combles de la tour Q, et, non sans efforts, les défenseurs
arrêtèrent les progrès de la flamme.

Si Anseric avait eu cinq cents hommes de plus, il pouvait, de la cour centrale, reprendre l'offensive au moment
où les Bourguignons essayaient de se loger dans la cour
de l'ouest. Mais il avait perdu encore une centaine
d'hommes dans le dernier combat et n'avait plus que le
nombre de soldats strictement suffisant pour la défense
du château.

Le soir, la baille centrale fut occupée par les Bourguignons, qui s'y logèrent et s'y retranchèrent fortement
cette fois.

Le lendemain matin, 9 juin, la tour M, minée, tombait,
et la brèche c était élargie d'autant, le fossé comblé et la
tour V occupée par les Bourguignons. Les défenseurs,
avant de l'abandonner, avaient mis le feu à l'arbalète à
tour en batterie sur la plate-forme.

Le couronnement de la tour Q du coin du château dominait la courtine de plus de vingt pieds ; il empêchait ainsi
les Bourguignons de se répandre sur le chemin de ronde

de cette courtine qui n'était pas munie de hourds couverts.

La journée du 10 juin fut employée par les Bourguignons à compléter leurs ouvrages dans la cour occidentale
de la baille, à déblayer la brèche c et à travailler à un
beffroi de charpente, destiné à battre et à dominer le rempart entre la porte et la tour du coin Q du château, car
ce rempart, établi sur le roc, ne pouvait être miné. Le
duc, connaissant alors la force de la place, et croyant les
défenseurs plus nombreux qu'ils n'étaient, ne voulait plus
agir qu'à coup sûr. Il faisait occuper, autant que cela
était possible, les crêtes des remparts de la baille en sa
possession, parvenait à mettre le feu aux combles et
planchers des tours m et m' et faisait attaquer par la mine
la tour v'. Les défenseurs n'avaient plus d'intérêt à garder
ces ouvrages qui les affaiblissaient sans utilité. Ils les éva-
cuèrent, jetèrent bas le pont reliant le rempart oriental de
la baille à la tour du coin et se retirèrent définitivement
dans le château. Pendant ce temps, les Bourguignons travaillaient à leur beffroi en dehors de l'ancienne palissade
C détruite et le garnissaient de peaux fraîches à l'extérieur
pour le préserver de l'atteinte du feu grégeois. Ils com-
blaient non sans peine le fossé en face la tour p^1 en

1. Voir la figure 11.

13

se couvrant au moyen de fascines et de mantelets.

Le 20 juin, le beffroi était terminé, et son chemin fait de forts madriers solidement établis jusque sur le remblai du fossé. Pendant les derniers jours, l'ennemi n'avait cessé de faire jouer les arbalètes à tour et deux trébuchets contre les crêtes de la défense du château entre la porte et la tour Q, et avait tenté de mettre le feu aux hourds et combles; mais ces remparts étaient plus élevés que ceux de la baille, et le baron avait fait revêtir tous les bois de peaux, de couvertures que l'on mouillait sans cesse, et les traits enflammés des Bourguignons n'y faisaient rien. Quant aux combles, ils étaient surveillés avec soin. Cependant les hourdages étaient presque entièrement brisés par les projectiles. Leurs débris avaient été enlevés par les gens du château, car ils n'étaient plus bons qu'à gêner la défense. Tout le couronnement de la tour P était très-compromis, d'autant qu'il ne dépassait pas la crête des courtines. Voyant les dispositions de l'ennemi, le baron fit établir sur la plate-forme de cette tour P, qui était dépourvue de comble, un bon mantelet de gros bois, avec une arbalète à tour. Puis, à tout événement, il fit élever un fort retranchement de l'angle *t* à la tour en face, en arrière de la tour Q.

Le soir de ce jour, 20 juin, le beffroi commença son

mouvement, porté sur de puissants rouleaux. Dès qu'il fut
à une trentaine de mètres du rempart, le baron fit jouer
l'arbalète à tour et lui envoya des boîtes de feu grégeois
fixées près du fer des traits. Les peaux fraîches résistaient
bien, les fers ne se fixaient pas aux bois, le feu tombait
à terre, et, à l'aide de fourches, les Bourguignons, couverts
par l'œuvre basse de la tour, éloignaient les boîtes embrasées. Cela leur donnait terriblement d'occupation, la tour
n'avançait que bien lentement, et plus elle avançait, plus
le danger d'incendie devenait pressant. Le baron, qui
n'avait plus qu'une petite provision de feu grégeois, craignait de l'employer inutilement. Déjà, cinq boîtes avaient
été jetées sans produire d'effet. Il résolut donc d'attendre
que le beffroi fût attenant aux remparts.

Le 21 juin, les nuits sont claires et le jour vient de
bonne heure. A deux heures du matin la tour de bois
était sur la contrescarpe du fossé. Le remblai qui comblait
celui-ci avait une pente sur le rempart, couverte par des
madriers. A un signal, le beffroi, poussé par derrière à
l'aide d'une vingtaine de grands leviers, roula brusque-
ment sur son plancher incliné et vint frapper la tête de
la tour P, qu'il dominait de dix pieds. Le choc fit trembler
la maçonnerie, et du sommet du beffroi une grêle de
pierres et de traits tomba sur les défenseurs. Puis, un

pont s'abattit avec fracas sur la tête de cette tour, brisa les mantelets et l'arbalète, et les assaillants, poussant des cris formidables, sautèrent sur la plate-forme.

Anseric était au sommet de la tour Q, et le baron Guy occupait les couronnements de la porte. Tous les deux, se jetant sur les courtines, attaquèrent à leur tour la colonne des assaillants. Sur ce chemin de ronde étroit, beaucoup, de part et d'autre, tombaient en dedans de la cour et se tuaient ou se brisaient les membres.

Le nombre n'était pas un avantage, puisqu'il était impossible de se déployer, de sorte que les flots des assaillants, sortant sans cesse du beffroi, avaient à combattre à droite et à gauche, sur un espace de six pieds de largeur. L'escalier de la tour P ayant été bouché, l'ennemi ne pouvait descendre, et, acculé sur la plate-forme de la tour, il lui fallait faire son chemin sur l'une et sur l'autre courtine.

Anseric le premier, en tête de sa troupe, taillait devant lui une voie sanglante à l'aide d'une hache à long manche. A ses côtés, ses hommes, armés de crochets et de fauchards, piquaient ou accrochaient, et jetaient au bas du mur tous ceux qui tentaient de s'approcher de leur seigneur. Ces malheureux tombaient d'une hauteur de vingt-cinq pieds sur les débris des hourds que les gens du château avaient jetés en dedans, pour déblayer le chemin de ronde.

Les arbalétriers, postés au sommet du beffroi, lançaient des carreaux sur les deux troupes; mais les hommes étaient bien armés, et ces carreaux rebondissaient sur les heaumes ou s'arrêtaient sur les hauberts. Frère Jérôme, armé d'une énorme plommée, monté sur un merlon, assommait tous ceux qui se présentaient à sa portée.

Le duc, demeuré au bas du beffroi, croyant le chemin de ronde emporté, pressait les hommes d'armes afin qu'ils pussent soutenir en nombre écrasant les premiers arrivés sur le rempart. Il y avait, grâce aux efforts d'Anseric et du baron, un temps d'arrêt au sommet du beffroi, et le débouchement du pont ne pouvait se faire facilement.

Les assaillants qui arrivaient derrière la tête de l'assaut poussaient ceux qui étaient devant eux ; la presse ne faisait qu'augmenter la confusion.

A force d'hommes, les Bourguignons parvenaient cependant à s'établir sur la tour, et les deux troupes des défenseurs n'étaient pas assez nombreuses pour les refouler. Voyant qu'ils allaient être définitivement écrasés, le baron Guy appela frère Jérôme, qui, sautant de merlons en merlons, arriva jusqu'à lui.

Un mot dit à l'oreille du frère, celui-ci courut vers la

tour voisine tenant à la porte. Un instant après, une forte
arbalète mise en batterie sur l'étage supérieur de cet ouvrage, en arrière des hourds, jeta sur la paroi du beffroi,
moins bien munie de peaux que n'était sa face, des
carreaux garnis de boîtelettes de feu grégeois. Le frère
visait avec sang-froid les parties nues des charpentes,
principalement à sept ou huit pieds au-dessus de la base
du beffroi. Il lui restait dix de ces boîtelettes, toutes furent
envoyées par une main sûre et attachées à de forts
carreaux dont le fer était parfaitement aiguisé. Quatre
de ces carreaux ne mordirent pas, mais les six autres se
fichèrent solidement sur les charpentes, et leurs boîtelettes enflammées répandirent comme une lave tenace et
brûlante sur les bois.

Au premier moment, les Bourguignons, tout occupés
de l'assaut, ne s'aperçurent pas du danger. Ceux arrivés au sommet du beffroi ne pouvaient en avoir connaissance.

Le duc fut un des premiers qui vit la fumée épaisse
que dégageait le bois attaqué. Aussitôt il donna ordre
d'aller éteindre le feu à l'aide de petites échelles à main,
et de se hâter; mais, dès qu'un homme montait à l'une
de ces échelles, une douzaine d'archers et d'arbalétriers
postés dans la tour de la porte le touchaient. Quatre ou

cinq hommes avaient été tués ou blessés avant d'avoir
atteint le niveau de la flamme. A l'intérieur, les gens
d'armes qui, comme un flot ascendant, se dirigeaient
vers le sommet du beffroi, se trouvèrent bientôt entou-
rés de la fumée infecte que répandait le feu grégeois. Les
uns se hâtaient d'autant plus de monter, d'autres hési-
taient et voulaient descendre. « Maintenant ! à la res-
cousse ! Arde le beffroi !..... » cria frère Jérôme venant
rejoindre la troupe du baron presque acculée à la tour,
et avec sa longue plommée il se mit au premier rang,
brisant têtes et bras. — « Arde le beffroi ! » criait-il à
chaque coup. « Rochepont ! Rochepont ! Arde le beffroi ! » hurlait à son tour la petite troupe du baron
(fig. 13). Les gens d'Anseric, acculés aussi à la tour du
coin, répétaient ce cri.

Les Bourguignons ne reculaient pas toutefois ; d'ailleurs, eussent-ils voulu le faire, que cela eût été impossible. Ils essayèrent de placer leurs échelles pour descendre dans la cour ; mais elles se trouvèrent trop
courtes. « Bourgogne ! Bourgogne ! criaient à leur tour
les assaillants. Place prise ! Place prise ! »

L'aube blanchissait alors et répandait sur cette scène
de carnage sa douce lueur dont le pâle et froid éclat se
mêlait aux reflets rougeâtres de l'incendie. La fumée,

LE BEFFROI (Fig. 13).

poussée par une brise du nord-est, se rabattait sur les combattants, les empêchait parfois de se voir, mais ils ne lâchaient pas prise. Au pied intérieur des courtines s'amoncelaient les cadavres et les blessés, qu'achevaient des valets postés dans la cour pour s'opposer à la descente.

Bien qu'Anseric et le baron eussent recommandé aux hommes demeurés dans les deux tours voisines (celle du coin et celle de la porte) de ne quitter leur poste sous aucun prétexte et de ne tirer les barres des portes que quand les deux troupes seraient absolument acculées à ces défenses, ces braves gens, voyant une si belle occasion de culbuter les Bourguignons, et la faiblesse des deux troupes des défenseurs comparées au flot des assaillants, ouvrirent les portes et sortirent pour prêter mainforte à leurs compagnons.

Élienor, avec ses femmes et quelques blessés, comprenant le péril (car le combat se présentait en face des bâtiments d'habitation de l'ouest), avait suivi la courtine occidentale et était arrivée jusqu'à la tour Q du coin[1], derrière la troupe commandée par Anseric. La châtelaine fut la première à encourager les hommes du poste à sor-

1. Voir la figure 11.

tir, disant qu'elle saurait bien barrer les portes. Quant aux blessés, ils se postèrent tant bien que mal aux hourds, pour continuer à tirer sur les dehors et sur la masse compacte des Bourguignons engagés sur la plate-forme de la tour. Ces deux renforts arrivèrent à temps. Les nouveaux venus, frais, animés, s'avançaient, qui sur les têtes des merlons, qui sur les débris des hourds, et suppléaient leurs camarades épuisés par la lutte.

Le feu gagnait les œuvres du beffroi, et bientôt la retraite fut coupée aux Bourguignons. Ceux parvenus sur le rempart vendirent chèrement leur vie toutefois, et le combat ne cessa que quand les flammes du beffroi léchèrent la plate-forme et le chemin de ronde.

Près de cinq cents Bourguignons étaient tués, blessés, pris ou brûlés. Les flammèches poussées par le vent s'abattaient sur le comble et les hourds de la tour du coin, qui prit feu vers six heures du matin.

La journée était bonne pour les défenseurs; mais ils avaient perdu près de deux cents des leurs tant tués que blessés. Anseric avait été touché par plusieurs carreaux à travers son haubert et était couvert de sang. Le baron, pour combattre plus aisément, étouffé sous son heaume, l'avait ôté pendant le combat et avait à la tête une large plaie. On se hâta de jeter par les créneaux les corps des

Bourguignons tués sur les dernières charpentes embrasées du beffroi et d'enterrer dans la cour les morts qui y étaient tombés. Tous dans le château étaient épuisés de fatigue. Élienor et ses femmes pansaient les blessés, portaient à manger et à boire dans les postes. La châtelaine conservait au milieu de ces scènes sanglantes sa figure calme et son doux regard, et toute la journée et la nuit suivante elle ne cessa de porter secours à tous.

« Belle nièce, lui dit le baron Guy pendant qu'elle pansait sa blessure, si l'armée du roi tarde à venir, elle ne trouvera plus un défenseur à délivrer; mais nous avons donné de la besogne au duc, et s'il continue, pourra-t-il bien aussi s'en retourner tout seul à sa cour. »

De part et d'autre, la journée du 22 juin se passa sans combat; le duc faisait faire un chat pour tenter de saper le rempart à sa base, d'autant que ses crêtes détruites et l'incendie de la tour du coin enlevaient aux défenseurs les moyens de s'opposer efficacement à la sape. Les gens du château voyaient travailler à cet ouvrage dans la baille derrière des mantelets, et ils accumulaient en dedans du rempart tous les matériaux qu'ils pouvaient se procurer afin d'arrêter la tête de la sape au moment où elle déboucherait dans la cour.

Le 25 juin au matin, les guettes, postées sur la tour de

la porte, furent assez surprises de ne pas voir un seul Bourguignon dans la baille. Elles allèrent aussitôt prévenir Anséric et le baron. « C'est, dit celui-ci, ou un piège ou l'armée du roi qui arrive; qu'on veille partout attentivement. » On monta sur le donjon. Les postes du sud étaient abandonnés. Le chat, les mantelets restaient dans la baille ainsi que les trébuchets. Vers midi, le baron fit sortir une dizaine d'hommes avec le transfuge. Celui-ci devait les conduire sur les points occupés par les chefs bourguignons. Au bout de trois heures ils revinrent, disant qu'ils n'avaient rencontré que quelques traînards qui avaient fui à leur approche et des blessés; que le campement était vide de gens, mais qu'il restait des chariots, des engins abandonnés.

Le duc, informé de la marche des troupes du roi de France, qui n'étaient plus qu'à une journée du château, avait décampé dans la nuit, abandonnant tout son matériel.

Grande fut la joie à la Roche-Pont. Les habitants de la ville vinrent bientôt confirmer la nouvelle. Les derniers Bourguignons étaient partis vers midi, non sans laisser bon nombre des leurs sur le carreau; car, malgré les recommandations du duc, les habitants de la ville basse de Saint-Julien avaient été passablement pillés, et ils

avaient fait la conduite des derniers soudards à coups
de pierres et d'épieux.

Peu après, le sire de la Roche-Pont faisait hommage
de son fief entre les mains du roi Philippe-Auguste,
et les moines rentraient dans leur abbaye pour la répa-
ration de laquelle le roi donna cinq cents livres.

FIN

Paris. — Imprimerie P. Mouillot, 13, quai Voltaire. — 14936.

LIBRAIRIE J. HETZEL ET Cie, 18, RUE JACOB, PARIS

PETITE BIBLIOTHÈQUE BLANCHE

15 VOL. IN-16 COLOMBIER ILLUSTRÉS

Prix du vol. broché, 2 fr. — Toile aquarelle, 3 fr.

L. BAUDE	Mythologie de la Jeunesse.
DE VILLERS	Les Souliers de mon Voisin.
CH. DICKENS (BENTZON)	L'Embranchement de Mugby.
ALEXANDRE DUMAS	La Bouillie de la Comtesse Berthe.
OCTAVE FEUILLET	Vie de Polichinelle.
M. GÉNIN	Le Petit Tailleur Bouton.
DE LA BEDOLLIÈRE	Histoire de la Mère Michel et de son Chat.
P. LACOME	La Musique en famille.
LEMOINE	La Guerre pendant les vacances.
PAUL DE MUSSET	M. le Vent et Mme la Pluie
E. OURLIAC	Le Prince Coqueluche.
P. J. STAHL	Les Aventures de Tom Pouce.
VAN BRUYSSEL	Les Clients d'un vieux Poirier.
JULES VERNE	Un Hivernage dans les glaces.
E. VIOLLET-LE-DUC	Le Siège de la Roche-Pont.

ALBUMS STAHL EN COULEURS, IN-4°

Bradel, 1 fr. 50. — Toile dorée, 3 fr.

FRŒLICH	Au clair de la lune. — La Boulangère a des écus. —
	— Le Bon Roi Dagobert. — Cadet-Roussel. — Il était
12 Chansons	une Bergère. — Giroflé-Girofla. — Malbrough s'en va-
et Rondes	t-en guerre. — La Marmotte en vie. — La Mère Michel.
de l'Enfance	— Monsieur de la Palisse. — Nous n'irons plus au bois.
	— La Tour, prends garde.
FRŒLICH	Le Moulin à paroles.
—	La Bride sur le cou.
—	Le Cirque à la maison.
—	Hector le Fanfaron.
—	Mademoiselle Furet.
—	Monsieur César.
—	Le Pommier de Robert.
GEOFFROY	Monsieur de Crac.
—	Don Quichotte.
—	Gulliver.
DE LUCHT	La Pêche au Tigre.
MATTHIS	Métamorphose du Papillon.

J. HETZEL ET Cⁱᵉ, 18, RUE JACOB

CAHIERS

D'UNE ÉLÈVE DE SAINT-DENIS
Cours complet et gradué d'Éducation
POUR LES FILLES ET POUR LES GARÇONS
A suivre en six années
Soit dans la Pension, soit dans la Famille
PAR DEUX ANCIENNES ÉLÈVES DE LA MAISON DE LA LÉGION D'HONNEUR
ET PAR
LOUIS BAUDE, ancien professeur au Collège Stanislas.

17 Volumes in-18.— Brochés, **57 fr.**; cartonnés, **61 fr. 50**
Chaque volume se vend séparément

CAHIERS PRÉLIMINAIRES

Cours de Lecture *(1ʳᵉ partie)*. — Syllabaire. — Alphabet illustré. — Signes orthographiques. — Premières lectures courantes. — Contes moraux. — Maximes. — Lectures instructives. — Fêtes et solennités de l'Église pendant les quatre saisons de l'année. — Lectures récréatives. — Les jeux de l'enfance. — (Broché, 2 fr.; cart., 2 fr. 25.)

Instruction élémentaire *(2ᵉ partie)*. — Religion. — Éducation. — Instruction. — Des premiers nombres et des premiers chiffres. — Des cinq sens. — Du temps et de ses divisions. — De l'univers ou de la création. — Les quatre éléments. — Les cinq parties du monde. — Des différents noms qu'on donne à l'eau. — Phénomènes atmosphériques et souterrains. — Exercices de mémoire. — Lectures. — (Broché, 3 fr.; cart., 3 fr. 25.)

Instruction élémentaire *(3ᵉ partie)*. — Religion. — Éducation. — Instruction. — Les trois règnes de la nature. — Minerais et métaux. — Fleurs des champs et des jardins. — Arbres et arbrisseaux. — Oiseaux, insectes, poissons, reptiles, quadrupèdes. — Connaissance élémentaire des chiffres et des nombres. — Exercices de mémoire. — Lectures récréatives. — Curiosités d'Histoire naturelle. — (Broché, 3 fr.; cart., 3 fr. 25.)

Cours d'Écriture *(4ᵉ partie)*, accompagné de gravures dans le texte et de trente-deux planches de modèles. — Notions préliminaires. — Objets et instruments nécessaires pour écrire. — Formes et variantes de l'écriture *anglaise*. — Des diverses positions et de la manière de tenir sa plume pour écrire l'*anglaise*. — Principes généraux de l'écriture *anglaise*. — Des différentes grosseurs d'écriture. — Etude des minuscules. — Etude des majuscules. — Des chiffres de l'*anglaise*. — De l'*expédiée* ou cursive *anglaise*. — Des différentes grosseurs d'*anglaise* au-dessus du *demi-fin*. — Des écritures *fortes* (bâtarde, coulée, ronde et gothique). — De l'emploi, dans l'écriture, des accents, de la ponctuation et d'autres signes se rapportant aux lettres elles-mêmes ou qui en sont dépendants. — (Broché, 5 fr.; cart., 5 fr. 50.)

Première année *(Tomes I et II)*. — Introduction. — Grammaire française. — Dictées. — Histoire sainte. — Mappemonde. — Géographie de l'histoire sainte. — Anciennes divisions de la France par provinces. — Division de la France par départements. — Table chronologique des rois de France. — Arithmétique. — Système métrique. — Lectures et exercices de mémoire. — Étymologies. — (Tome I, broché, 1 fr. 50; cart., 1 fr. 75. — Tome II, broché, 2 fr. 50; cart., 2 fr. 75.)

Deuxième année *(Tomes III et IV).* Grammaire française. — Dictées. — Histoire sainte. — Histoire ancienne. — Eres chronologiques. — Mythologie. — Etudes préparatoires à l'Histoire de France. — Cosmographie. — Arithmétique. — Géographie de l'Asie Mineure. — Départements et arrondissements de la France. — Géographie de la France. — Lectures. — Etymologies. — (Chaque tome, broché, 2 fr. 50; cart., 2 fr. 75.)

Troisième année *(Tomes V et VI).* — Grammaire française. — Histoire ancienne. — Histoire romaine. — Histoire de l'Eglise. — Cosmographie. — Arithmétique. — Etudes préparatoires de l'Histoire de France. — Paris et ses monuments. — Lectures. — Etymologies. — (Tome V, broché, 3 fr.; cart., 3 fr. 25. — Tome VI, broché, 3 fr. 50; cart., 3 fr. 75.)

Quatrième année *(Tomes VII et VIII).* — Récapitulation de l'Histoire ancienne. — Histoire du moyen âge. — Histoire de l'Eglise. — Géographie de l'Europe. — France provinciale et départementale. — Histoire naturelle. — Précis de l'histoire de la langue française. — Traité de versification. — Lectures. — Etymologies. — (Chaque vol., br., 3 fr. 50; cart., 3 fr. 75.)

Cinquième année *(Tomes IX et X).* — Histoire moderne. — Histoire de l'Eglise. — Géographie de l'Amérique et de l'Océanie. — Curiosités historiques. — Botanique. — Zoologie. — Principales inventions et découvertes. — Lectures. — Etymologies.— (Tome IX, broché, 3 fr. 50; cart., 3 fr. 75. — Tome X, broché, 4 fr.; cart., 4 fr. 25.)

Sixième année *(Tomes XI et XII).* — Principes de littérature. — Histoire de la littérature ancienne et française. — Introduction à la Philosophie. — Philosophie. — Table chronologique des principaux événements de l'histoire contemporaine depuis 1789. — Bibliographie. — Philologie des langues européennes. — Précis de l'histoire générale des études. — Biographie des femmes célèbres. — Notions géographiques complémentaires. — Morceaux choisis. — Etymologies. — (Chaque volume, broché, 4 fr. 50; cart., 4 fr. 75.)

Cahier complémentaire. — Considérations générales. — Histoire de l'architecture. — De la Sculpture. — De la Peinture. — Gravure. — Lithographie. — Histoire de la Musique. — Astronomie. — Archéologie. — Numismatique. — Paléographie. — Minéralogie. — Algèbre et Géométrie. — De la vapeur et de ses applications. — Télégraphie électrique. — Galvanoplastie. — De la chloroformisation. — De la photographie et de l'aérostation. — (Broché, 5 fr.; cart., 5 fr. 25.)

ÉTUDES D'APRÈS LES GRANDS MAITRES
Dessins par A. COLIN
Professeur de dessin à l'École polytechnique

ALBUM IN-FOLIO, 20 PLANCHES. — Cartonné bradel, **20** francs
Cartonné toile, tranches dorées, **22** francs
Chaque planche collée sur carton, avec texte au dos, **1 fr. 25.**

ATLAS COMPLÉMENTAIRE
DES CAHIERS D'UNE ÉLÈVE DE SAINT-DENIS.

Atlas classique de Géographie universelle, composé de 24 planches en plusieurs couleurs, dressées par M. DUBAIL, ex-professeur-adjoint de géographie à l'École de Saint-Cyr. — 1 volume grand in-8. cartonné bradel. Prix : 8 fr.

Les programmes d'admission aux Ecoles de l'Etat se trouvent dans les *Grandes écoles civiles et militaires de France,* par MORTIMER D'OCAGNE. — Un beau vol. in-18, 3 fr. 50.